KB121425

하루
한 장.

마음
챙김

TRUST LIFE

Trust Life

하루
한 장.

마음
챙김

전 세계 5천만 명의 삶을 바꾼
루이스 헤이의 긍정 확언 베스트 컬렉션

루이스 헤이 지음 | 로버트 홀든 편찬 | 박선령 옮김

Louise Hay

니들북

서문

루이스 헤이가 죽기 한 달 전쯤, 그녀를 마지막으로 만났을 때였다. 그때 우리는 그녀의 여러 작품에 수록된 내용을 한곳에 모아 매일 조금씩 읽을 수 있는 책을 만들자는 얘기를 나눴다. "아, 정말 좋은 생각이네요!" 루이스는 잔뜩 흥분한 목소리로 내 손을 꽉 쥐며 말했다. 마치 생일 케이크를 받고 기뻐하는 어린 소녀 같은 모습이었다. 몸은 비록 노쇠했지만(나이가 아흔이나 됐으니 당연한 일이다), 그녀의 정신은 여전히 빛나고 목적의식으로 충만해있었다.

나 역시 덩달아 흥분한 채 말을 이었다. "당신이 가장 좋아하는 긍정 확언을 책으로 엮으면, 독자들이 날마다 당신을 만날 수 있는 좋은 방법이 될 거예요. 독자들은 당신과 함께 아침을 먹고, 명상을 하고… 당신을 욕실 선반 위에 올려두겠죠. (루이스는 그 말을 듣고 크게 웃었다!) 출퇴근길에 읽을 수도 있고, 종일 들고 다닐 수도 있고요."

"그럼 나는 매일 밤 전 세계 수백만 명의 사람들과 함께 잠자리에 들겠네요." 루이스가 눈을 반짝이며 말했다.

"맞아요."

"그리고 아침마다 수백만 명과 함께 일어나고요!" 루이스는 그녀의 긍정 확언으로 하루를 시작하고 마무리하는, 전 세계 수백만 팬들의 습관을 떠올린 듯 외쳤다. 이 책은 그렇게 시작되었다.

2008년 《뉴욕 타임스》는 루이스에게 '뉴에이지의 여왕'이란 별명을 붙여주었다. 그만큼 그녀는 수십 년 동안 자기 치유의 아이콘이었지만, 모든 문제에 대한 해답을 알고 있는 절대적 권위자인 척한 적은 단 한 번도 없다. 그녀는 언제나 우리 각자의 삶을 치유할 수 있는 사람은 자기 자신뿐이라고 강조했다. 단지 사람들이 자신의 본질, 즉 강하고 사랑스럽고 사랑할 줄 아는 사람임을 깨우치도록 안내하는 역할만 했을 뿐이다. 하지만 여기에 이르기까지, 그녀의 여정은 결코 평탄하지만은 않았다.

루이스 헤이,
자기 치유의 아이콘이 되기까지

루이스는 의붓아버지에게 학대당하고, 이웃에게 성폭행당하고, 고등학교를 중퇴한 뒤 임신하고, 열여섯 살 생일에 갓 태어난 딸을 입양 보내는 등 자신의 굴곡진 인생 역정을 매우 솔직히 여러 차례 이야기해왔다. 그녀는 "나는 자살할 만큼 용감하지 않았기 때문에, 매일 빨리 죽게 해달라고 기도했어요."라고 회상하며, 이렇게 덧붙이곤 했다. "내 삶은 매우 고통스러웠지만 어떻게든 그럭저럭 견뎌냈어요."

그 후 루이스는 시카고로 이사를 가서 그곳에서 구할 수 있는 각종 직업을 전전했다. 그 시절에 대해 그녀는 "집에서 겪은 학대를 피해 도망쳤지만 가는 곳마다 계속 더 많은 학대를 당했죠."라고 말한다. 그러다 1950년에 뉴욕으로 이주해 빌 블래스(Bill Blass), 폴린 트리제르(Pauline Trigère), 올렉 카시니(Oleg Cassini) 같은 디자이너들을 위한 고급 패션모델로 일하기 시작했다. 뉴욕에서 지내는 동안 영국인 사업가 앤드류 헤이를 만나 결혼을 하게 됐고, 그와 함께 세계 이곳저곳을 돌아다니며 얼핏 화려한 결혼 생활을 이어갔다.

하지만 결혼한 지 14년 만에 남편이 다른 여자를 만나 가정을 버리면서, 루이스의 세계는 무너졌다. "또다시 나락으로 떨어지고 말았어요." 루이스는 이렇게 말했다. "이번에 떨어진 나락은 정말 최악이었죠. 내가 바라는 건 그 속으로 기어 들어가 영영 사라지는 것뿐이었어요."

그러던 어느 날, 한 친구가 종교과학 강연회에 루이스를 초대했다. 그녀는 나에게 "처음에는 안 가려고 했지만, 가게 되어 정말 다행이었어요."라고 말하며 이때의 경험을 이야기해줬다. "그날 밤, 누군가가 '생각을 바꾸려고만 하면 인생을 바꿀 수 있다'고 말하는 걸 들었어요. 내 안의 무언가가 '저 말에 주목해'라고 말했고, 그래서 그렇게 했답니다."

루이스는 그날부터 형이상학과 신사고(New Thought) 정신을 열심히 공부하기 시작했다. 그녀는 플로렌스 스코벨 쉰(Florence Scovel Shinn), 어니스트 홈스(Ernest Holmes), 에멧 폭스(Emmet Fox) 같은 유명 작가들의 책을 좋아했다. 루이스는 "오랫동안 책을 읽지 않았는데 그때부터는 매일같이 책을 읽게 되었어요."라고 회상하며 덧붙였다. "난 준비가 되어있었고, 이렇게 준비된 학생에게는 스승과 가르침이 나타나게 마련이죠." 루이스는 종교과학 교회의 신앙 치료사가 되기 위한 훈련을 받았고, 이후 마하리시 마헤쉬 요기(Maharishi Mahesh Yogi)가 설립한 아이오와주 페어필드에 있는 대학에서 초월 명상을 공부했다.

루이스는 종교과학 학교에서 질병과 질병을 유발시키는 정신적 패턴 사이의 연관성에 대해 많은 걸 배웠다. 그녀는 우리 혹은 우리의 환경과 조화를 이루지 못하는 모든 것들과 질병 사이의 연관성을 강조하기 위해 'disease(질병)'를 'dis-ease'라고 표현하곤 했다. 루이스는 지금까지 읽은 책, 함께 일한 사람들, 그리고 자신의 생각과 연구를 바탕으로 정보를 수집하기 시작했다. 그리고 그녀의 글을 읽어본 많은 이들의 권유에 따라, 자신의 생각을 담은 《우리를 아프게 하는 것(What Hurts)》이라는 제목의 작은 책을 제작했다. 그녀는 처음에 5천 부를 인쇄했다. "몇몇 친구들은 내가 필요한 것보다 4천 부나 더 인쇄한 탓에 들인 돈을 회수하지 못할까 봐 걱정했어요!" 루이스가 내게 해준 말이다. 하지만 그녀의 친구들은 걱정할 필요가 없었다. '작은 파란색 책'이라는 애칭으로 알려진 그 책은 2년 만에 완판되었다. 그리고 사람들에게 이런 정보가 정말 필요하다고 확신하게 된 루이스는 내용을 더 보강해서 《힐 유어 바디(Heal Your Body)》라는 책을 펴냈다.

이 무렵에 루이스는 자궁경부암 진단을 받았다. "또 다른 나락이었어요." 그녀가 말했다. "하지만 이번에는 달랐어요. 선생님께서 말씀하시길, '루이스, 당신이 이 모든 일을 다 겪어낸 건 지금 죽기 위해서가 아니에요. 당신에게는 살아가야 할 인생이 있어요. 지금이야말로 당신이 아는 걸 실천에 옮겨야 할 때예요'라더군요. 그래서 그렇게 했어요." 루이스는 자신의 삶을 치유하는 데 도움이 되는 치료 프로그램을 만들었다. 이 프로그램에 자신의 신사고 원칙을 적용하고 주로 용서에 집중했다. 몇 달 동안 치료사, 영양사, 지압사 등으로 구성된 팀과 함께 노력한 결과, 의사는 그녀 몸에서 암이 사라졌음을 확인할 수 있었다.

1984년 루이스는 출판사 헤이 하우스(Hay House)를 설립해서

《치유(You Can Heal Your Life)》라는 책을 펴냈다. 이 책에는 작은 파란 책에 수록되었던 자료, 인기 높은 공개 워크숍을 진행하면서 가르쳤던 내용, 그리고 클라이언트와 친구에게서 들은 이야기가 포함되었다. 《치유》는 선풍적인 인기를 끌었다. 전 세계에서 5천만 부 이상 팔리며 루이스는 역사상 가장 많은 책을 판매한 작가 중 한 명이 되었고, 여성 작가 중에서는 J. K. 롤링(J. K. Rowling), 다니엘 스틸(Danielle Steel), 바바라 카트랜드(Barbara Cartland)의 뒤를 이어 네 번째로 많이 판 작가가 되었다. 게다가 그녀 덕분에 '자기계발서(Self-help)'라는 새로운 장르가 발전하게 되었다.

루이스의 업적 가운데 가장 기억에 남는 것은 1980년대에 HIV, 즉 에이즈가 유행할 당시 그 병에 걸린 이들과 함께한 선구적인 노력이다. 의료계는 어떻게 대처해야 할지 몰랐고, 사람들은 이 병에 걸린 누군가를 만지는 것조차 두려워했다. HIV나 에이즈 진단을 받은 사람들은 새로운 따돌림 대상이 되었고 두려움과 수치심을 느끼며 비밀스레 숨어들었다. 하지만 루이스는 주변의 시선에 구애받지 않고 나섰으며, 6년 반 동안 매주 수요일 밤마다 HIV 감염자와 에이즈 환자를 위한 지원 모임을 개최했다.

"한 클라이언트가 에이즈 환자들을 위한 모임을 열어줄 수 있느냐고 물어봤어요. 그래서 그러겠다고 했죠. 그렇게 시작된 거예요." 루이스의 집 거실에서 열린 첫 모임에는 남자 6명이 참석했다. "그 남자들에게 내가 늘 하는 일을 하겠다고 말했어요. 다시 말해 자기애, 용서, 두려움 해소에 초점을 맞춰서 모임을 진행하겠다는 거죠. 그리고 가만히 앉아 노닥거리면서 시간을 보내지는 않을 거란 말도 했어요. 그건 아무에게도 도움이 안 되는 일이니까요."

주간 모임의 참석자는 빠른 속도로 늘어났고, 곧 '헤이라이드

(Hayride)'라는 이름으로 알려지게 되었다. "나중에는 90명 가까운 남자들이 내 거실을 가득 메웠어요. 이웃들이 그걸 보며 어떻게 생각했을지 모르겠네요! 매주 함께 이야기하고, 울고, 노래 부르고, 미러 워크도 하고, 또 우리 자신과 타인, 지구를 위한 다양한 치유 명상도 했어요. 헤어질 때는 서로 포옹을 나눴는데 그건 사랑을 돈독히 하는 데도 좋고 즉석 만남을 도모하는 데도 좋죠." 루이스는 활짝 웃으며 그때를 회상했다.

루이스가 하는 일의 필요성을 인식한 웨스트 할리우드 시는 루이스에게 수백 명을 수용할 수 있는 공간을 내줬다. "결국 수요일 밤 모임에 800명 가까운 사람들이 모이게 됐어요. 이제 에이즈를 앓는 남성들뿐만 아니라 남녀 모두 참석하게 됐죠. 그리고 가족들도요. 누군가의 어머니가 모임에 처음 참석할 때마다 모두에게 기립박수를 받았답니다."

루이스의 가장 친한 친구 다니엘 페랄타(Daniel Peralta)는 1986년 1월에 《도어 오프닝(Doors Opening: A Positive Approach to AIDS)》이라는 헤이라이드에 관한 영화 시사회에 참석했을 때 루이스를 처음 만났다. 다니엘은 언젠가 내게 그녀 덕분에 조건 없는 사랑이 뭔지 알게 됐다고 고백한 적이 있다. 실제로 다니엘은 헤이라이드에 관한 기사에서, 루이스의 무한한 친절과 너그러운 정신에 관해 이렇게 쓰기도 했다.

"루이스 L. 헤이는 새로운 가능성, 새로운 존재 방식을 안내해준다. 그녀는 자기 자신을 사랑하라고 하면서 그 과정에 참여하기 위한 실제적인 단계들을 설명했다. 또 새롭고 색다른 방식으로 자기 수용과 자기 관리를 실천하도록 부드럽게 유도한다. 이 방법은 매력적일 뿐 아니라 치유 효과를 발휘한다. 나는 루이스가 어떻게 사람들에게 재빨리 공동체 의식을 심어주고 한 번에 한 명씩 모두의 마음을 한데 모으는 놀라운 능력을 발휘했는지 똑똑히 기억하고 있다."

1988년 3월, 루이스는 〈오프라 윈프리 쇼(The Oprah Winfrey Show)〉와 〈필 도나휴 쇼(The Phil Donahue Show)〉에 출연 요청을 받았는데, 심지어 둘 다 같은 주였다. 낮 시간대에 방영되는 이 TV 프로그램에 출연한 뒤, 루이스의 책《치유》가《뉴욕 타임스》베스트셀러 목록에 올라 13주 동안이나 자리를 지켰다. 루이스 헤이라는 이름은 이제 미국뿐만 아니라 전 세계적으로 유명해졌다.

루이스는 도와줄 사람들을 고용했고, 1987년에는 헤이 하우스를 기업화했다. 그들은 루이스가 새롭게 얻은 명성 덕분에 발생한 도전에 맞설 준비가 되어있다는 걸 증명했다. 루이스가 채용한 이들 가운데 특히 리드 트레이시(Reid Tracy)라는 25세의 회계사와의 만남은 정말 행운이었다. 1998년에 헤이 하우스 사장으로 승진한 그는 헤이 하우스가 치유와 자기계발 분야의 국제적인 리더로 성장하도록 도왔다. 출판으로 시작한 이 회사는 점점 성장해서 오디오북, 카드 덱, 영화, 온라인 강좌, 국제 워크숍 등을 제공하게 되었다.

헤이 하우스는 루이스의 가르침을 공유하는 데서부터 시작되었지만, 곧 웨인 다이어(Wayne Dyer), 마리안 윌리엄슨(Marianne Williamson), 캐롤라인 마이스(Caroline Myss), 디팍 초프라(Deepak Chopra) 같은 선구적인 작가들을 가족으로 맞아들이기 시작했다. 루이스는 2015년 헤이 하우스 월드 서밋 인터뷰에서 이렇게 말했다. "물론 우리가 경제적으로 성공해서 직원들에게 봉급도 주고 모두를 돌볼 수 있기를 바라지만, 한편으로는 그보다 더 높은 비전이 있어요. 예나 지금이나 헤이 하우스의 진짜 목적은 우리가 서로 사랑해도 안전한 세상이 되도록 돕는 것입니다. 우리가 만드는 모든 책을 통해서, 사랑으로 세상을 축복하는 거죠."

나중에 루이스는 헤이 하우스의 일상적인 운영에서 손을 떼고 1986년 설립한 자선단체 헤이 재단에 더 많은 관심을 기울였다. 그녀는 여러 가지 가치 있는 대의를 지지하기 시작하면서 "나는 세상이 치유되고 완전해져서 모든 사람의 의식주가 해결되고 행복해지는 모습을 꿈꾼다"고 단언했다. 헤이 재단은 자신들의 애정 어린 활동을 좀처럼 세상에 공개하지 않는다. 루이스가 그러기를 바랐기 때문이다. 루이스는 우리가 삶을 치유하는 이유는 단순히 자신의 이익을 위해서가 아니라 자신과 타인을 사랑하는 사랑스러운 존재로서 이 세상을 밝히기 위함이라는 것을 분명히 했다.

이 책에 대하여

루이스가 평생 쓴 책은 자기계발서, 건강서, 요리책, 어린이 책 시리즈, 그리고 심지어 컬러링 북까지 총 30권이 넘는다. 또 셰릴 리처드슨(Cheryl Richardson)과 같이 쓴 《특별한 인생 만들기(You Can Create an Exceptional Life)》, 나(로버트 홀든)와 같이 쓴 《인생은 당신을 사랑한다(Life Loves You)》 같은 책도 있다. 책뿐만 아니라 카드 덱, 오디오 프로그램, 해마다 나오는 '난 할 수 있다!' 달력도 있다.

이 책은 이렇게 다양한 그녀의 작품 중에서 가장 영감을 주는 가르침만 엄선해 모은 것으로, 윤년까지 포함해서 하루에 하나씩 총 366개의 항목으로 구성되어 있다. 날짜별 항목마다 루이스의 긍정 확언을 제목으로 달았고, 그 아래의 내용은 그녀의 저서나 칼럼 등에서 뽑은 고무적인 글귀 또는 내가 그녀와 나눈 진솔한 대화를 담았다. 책 속 모든 긍정 확언은 색자로 표기해서, 바로 따라 읽기 좋도록 활용성을 높였다.

루이스는 영적인 실용주의자였다. 그래서 이론만 따지는 데는 관심이 없었고, 뭐가 효과적인지 뭐가 도움이 되는지에 집중했다. 루이스는 《치유》라는 책에서 이렇게 썼다.

"나는 '실제적인 방법'을 좋아한다. 세상의 모든 이론은 우리가 그걸 적용해서 변화를 일으키지 않는 한 무용지물이다. 나는 예전부터 늘 제대로 된 일 처리 방법을 알고 싶었다."

그래서 나도 이 책에 수록할 가르침을 선별할 때, 실제적인 변화를 가져올 수 있는 영적 실천 방법을 제공하고자 노력했다. 이게 무슨 말이냐면, 루이스가 쓴 책의 핵심 주제를 두루 다루면서 1년 내내 균형 잡힌 흐름을 가져가기 위해 애썼다는 의미다. 예컨대 '자기애'에 관한 항목을 전부 2월이나 9월에 모아놓고 싶지 않았다. 그러면 나머지 기간에는 자기애를 신경 쓰지 말라는 얘기와 뭐가 다른가? 이런 균형을 적절히 유지하기 위해서, 루이스의 핵심적인 가르침 열 가지를 정리해서 만든 목록을 참조했다. 이 목록은 루이스가 작고한 직후 그녀의 페이스북에 올린 특별 헌정 글을 통해 수백만 명의 팬들과 이미 공유한 바 있다.

내가 만든 루이스 헤이의 열 가지 가르침 목록이 절대적인 건 아니지만, 이 책을 읽는 동안 귀중한 도움이 될 수 있기를 바란다.

1. 미러 워크 : 거울을 보라

루이스는 거울 속의 자신을 마주하고 눈을 똑바로 바라보면서 자신에 대한 긍정적인 메시지를 반복하는 '미러 워크(mirror work)'의

선구자다. 당신이 루이스의 친구였다면 함께 미러 워크를 했을 가능성이 크다. 나 역시 루이스의 거실에 있는 벽걸이 거울 앞에서 대부분의 대화를 나누곤 했다.

루이스는 인생을 거울로 여겼다. 이는 자기 자신과의 관계를 반영한다. 우리가 스스로를 비판하거나 부끄러워하지 않고 거울을 바라볼 수 있다면, 그 안에서 진정한 자아를 발견하고, 자신을 용서하며, 타인을 더 다정하게 대하고, 인생이 우리를 사랑하도록 허락할 수 있다.

루이스는 미러 워크가 자기애를 가로막는 장애물을 없애는 가장 빠르고 효과적인 방법이라고 추천하며 이런 글을 남겼다. "사람들이 어떤 문제를 안고 날 찾아올 때, 난 그 문제가 건강 악화건 금전적 궁핍이건 불만스러운 관계건 억압된 창의력이건 신경 쓰지 않는다. 내가 공을 들이는 부분은 딱 하나, 자신을 사랑하는 일뿐이다."

그녀는 누구나 하루 한 번씩 거울을 들여다보면서 "사랑해, 널 정말 사랑해."라고 말해야 한다고 독려했다. "부끄러워하지 마세요." 그녀는 이렇게 말하곤 했다. "이건 인생은 널 사랑해를 조금 다르게 표현한 것뿐이니까요."

2. 긍정 확언 : 마음속의 생각을 선택하라

루이스는 '긍정 확언의 여왕'이었다. 그녀는 세상을 마음의 상태로 바라봤다. 루이스는 《치유》에서 "우리가 다루는 건 하나의 생각이고, 생각은 언제든 바뀔 수 있다"고 썼다. "문제가 무엇이든 간에, 우리의 경험은 내면에서 하는 생각의 외적 결과에 불과하다. 자기혐오도 자신에 대해 품고 있는 생각 중 하나일 뿐이다."

여기에서 긍정 확언이 등장한다. 우리가 말하고 생각하는 모든 것이 우리 삶의 경험을 단정 짓는데, 문제는 평소에 우리가 말하고 생각하는 내용 대부분이 상당히 부정적이라는 것이다. 우리가 자신(혹은 다른 사람)에 대한 생각을 바꾸면, 세상에 대한 경험이 바뀐다. 이에 긍정적인 1인칭 표현을 사용해서 인생에서 원하는 걸 더 많이 긍정하고 만들어내자는 게 긍정 확언이다. 자신의 사고 방식을 재정립하고 스스로 선택한 패턴대로 말하자는 것이다.

루이스는 생각을 바꿈으로써 자신의 삶을 치유했다. 그녀는 이런 말을 한 적이 있다. "내가 한 첫 번째 긍정 확언은 나는 아름답고 모든 사람이 날 사랑해, 였어요. 처음에는 그 말을 믿지 않았지만 그대로 계속 읊조렸죠. 사흘쯤 지나자 사람들이 나를 친절하게 대한다는 걸 알아차렸어요. 주차할 곳을 바로 찾았다는 걸 느꼈죠. 교통신호등이 때맞춰 녹색으로 바뀌어서 제시간에 도착할 수 있게 도와줬고요. 내 첫 번째 긍정 확언이 인생을 경험하는 방식을 바꾸어놓은 거죠. 정말 기적 같은 일이었답니다."

루이스는 다들 자기 생각을 살펴보고, 원하는 생각을 선택하라고 격려한다. "자기에게 효과적인 생각을 하세요!" 마음에 드는 생각, 애정 어린 긍정 확언을 골라 하루 종일 되뇌이는 것이다. 그냥 중얼거리기만 해서는 안 된다. 큰 소리로 말해야 한다. 거울 앞에서 해보기도 하고, 긍정 확언을 써서 냉장고에 붙여둘 수도 있다. 손바닥에도 적어본다. 중요한 것은 진심을 담아 그 긍정 확언 내용을 실천하는 것이다.

3. 내면의 울림에 귀를 기울여라

루이스는 '내면의 울림'에 대해 얘기하는 걸 좋아했다. 이는 영적인 인도를 가리키는 그녀만의 애칭이었다. "나는 우리 마음이 언제나 하나의 무한한 정신과 연결되어 있고, 그렇기에 언제든 모든 지식과 지혜를 이용할 수 있다고 믿는다. 우리는 내면의 불꽃, 고귀한 자아, 내면에 존재하는 힘을 통해 우리를 창조한 무한한 정신 및 세상의 힘과 연결된다." 루이스는 한 책에서 이렇게 썼다.

　루이스는 인도된 삶을 사는 법을 배웠다. 그녀는 자기 내면의 울림을 믿었다. "영적인 길에 처음 발을 디딘 이후, 나는 그 무엇도 통제할 수 없고 또 통제할 필요가 없다고 느꼈다. 인생은 언제나 내게 필요한 것들을 가져다줬다. 나는 그저 내 앞에 나타나는 것들에 반응을 보이기만 하면 됐다." 루이스가 또 다른 저서에서 한 말이다.

　루이스가 가장 좋아하는 영적 실천 방법 가운데 하나는 거울 앞에 조용히 앉아 내면의 울림과 연결된 다음, "오늘은 내게 무엇을 알려줄래?"라고 묻는 것이다.

4. 모든 사람의 모든 것을 용서하라

"루이스 헤이는 어떻게 루이스 헤이가 될 수 있었나요?" 그녀와 인터뷰를 하면서 이런 질문을 한 적이 있다. 이때 그녀는 "용서"라는 한 마디로 대답했다.

　루이스는 《기적 수업(A Course in Miracles)》이라는 책을 읽으며 그 책의 용서에 관한 가르침에서 많은 영감을 받았다. 이후 그녀는 용서를 강조해왔고, 한 책에서 "내게 상처 입힌 사람들을 용서하지 않았다면 지금의 나는 없었을 것이다. 그들이 과거에 내게 한 일 때문에 오늘 내 자신에게 벌을 주고 싶지는 않다"고 썼다. 그녀는 용서란 과거를 놓아주는 것이라고 간단하게 정의하면서, 이는 자유로 향하는 길이자 미래를 새롭고 밝은 색으로 칠하는 데 필요한 '기적의 재료'라고 설명했다.

5. 오늘을 감사하라

루이스에게 감사란 특별할 때만 치르는 의식이 아니라 일상적인 영적 실천 중 하나였다. 그녀는 매일 아침 눈을 뜨면 밤새 짐을 질 자도록 도와준 침대에게 감사하는 일부터 시작했다. 그리고 하루 종일 정성스럽게 감사를 실천했다. 내가 인상 깊었던 건 루이스가 잘 작동하는 컴퓨터나 자동차, 주전자 등 무생물에게 감사하던 모습이었다. 그녀는 "감사하는 마음을 기억하면 하루를 더 즐겁게 보낼 수 있다"고 내게 말했다.

루이스는 감사가 곧 긍정 확언이라는 걸 알고 있었다. 감사하면 할수록 감사를 느낄 이유를 더 많이 찾아낼 수 있다며, 여러 해 동안 감사 일기를 썼다. "밤에는 잠자기 직전에 하루를 돌아보면서 그날 한 모든 경험을 축복하며 감사했다. 동시에 실수를 저지르거나 부적절한 말을 하거나 최선이 아닌 결정을 내렸다고 생각되는 경우에도, 그런 나를 용서하며 주변에 감사했다." 루이스가 자신의 책에서 한 말이다.

6. 자기 몸을 돌보라

루이스의 집에서 묵기로 한 전날, 그녀에게서 연락이 왔다. "반바지를 가져오세요. 알레아한테 필라테스 수업을 받기로 했는데 우리 같이 해요. 네, 꼭 하셔야 돼요. 내 반바지를 빌려 입는 한이 있어도 말이에요." 알레아 카드로(Ahlea Khadro)는 루이스의 만년에 20년 동안 물리치료사 겸 건강관리사로 일한 사람이다. 루이스는 알레아와 함께 영양학을 공부하고 요가와 필라테스를 연습했으며 고기 뼈로 육수 우리는 법을 배웠다. 알레아의 집에 있는 작은 밭에서 유기농 채소와 과일을 키우기도 했다.

루이스는 우리의 진정한 정체성은 육체가 아닌 내면의 정신에 깃들어 있다고 가르쳤지만, 그렇다고 육체를 등한시한 것은 아니다. 자기 몸을 돌보는 것도 자기애의 하나라고 말하며, "자기 몸을 제대로 대하지 못한 과거의 자신을 용서하고, 오늘부터 사랑과 존중의 마음으로 대하기 시작하라"고 가르쳤다. 루이스가 가장 좋아하는 긍정 확언 중 하나는 자기 몸의 메시지에 사랑으로 귀를 기울이는 것이다. 이를 위해 그녀는 매일 홀로 조용한 시간을 보내면서 자기 몸에 귀를 기울이고, 내면의 울림에게 오늘은 어떻게 내 몸을 사랑할 수 있을까, 라고 물었다.

7. 지금 미래를 시작하라

루이스는 자신을 늦깎이라고 칭했다. 자기는 40대 후반으로 접어든 뒤에도 계속 "갈팡질팡했다"는 것이다. 그녀는 50세에 첫 책을 출판했다. 60세에 헤이 하우스와 헤이 재단을 설립했다. 그녀의 인생 후반기는 새로운 시작들로 가득했다. 루이스는 연초가 되면 자신의 영적 성장을 위한 목표를 꼼꼼히 정하고 새로운 걸 배우기 위해 노력했으며 전에 가보지 못한 곳으로 여행할 계획을 세웠다.

루이즈는 자신의 노년을 기꺼이 받아들였다. 그녀는 나이를 핑계 삼아 새로운 걸 배우거나 성장하는 걸 거부하지 않았다. 루이스는 "나는 가능성의 총체 안에서 살고 있다"는 말을 자주 했다. 10년씩 나이를 먹을 때마다 그 나이만의 지혜와 선물이 생긴다고 믿었다. 그리고 "힘의 중심점은 언제나 현재에 있다"고 단언했다.

2013년에 헤이 하우스가 새롭게 개최한 제1회 IGNITE! 행사에서 개막 연설을 하게 됐을 때의 일이다. 나는 행사 전날 루이스에게 이메일을 보내 혹시 청중들에게 전하고 싶은 메시지가 있는지 물어봤는데, 다음은 당시 그녀가 보낸 메일 내용이다.

새로운 일을 할 때마다 내 삶에 불꽃이 피어납니다.

새로운 공간에 과감하게 발을 들여놓는 건 매우 흥미로운 일이죠.

네 앞에는 좋은 일만 있다는 걸 알기에

인생이 날 위해 준비한 게 무엇이든

받아들일 준비가 되어있습니다.

새로운 모험은 우리의 젊음을 지켜줍니다.

그리고 모든 방향으로 애정 어린 생각을 보내면

우리 삶이 사랑으로 가득 차게 됩니다.

여든여섯 살은 내 인생의 새로운 시작입니다.

8. 자신의 삶을 긍정하라

루이스는 자신을 "긍정적인 세상에 사는 긍정적인 사람"이라고 표현하는 걸 좋아했다. 그녀는 《치유》에서 "우리가 무엇을 믿거나 생각하거나 말하건 간에, 세상은 항상 우리에게 '그래'라고 말한다. 우리가 가난하다고 생각한다면, 세상은 그 생각에 동의한다. 우리가 번영을 생각하면, 세상은 그것에 동의한다. 모든 건 우리에게 달려있음을 기억하라"고 말했다. 한마디로 단언하는 일에 있어서 항상 조심하라는 얘기다.

"내가 지금까지 한 일은 전부 내면의 울림에 귀 기울이면서 좋다고 말한 것뿐이에요." 루이스는 작가, 강사, 출판업자, 교사, 예술가, 사상가로서 자기가 한 일을 돌아보며 이렇게 말했다. 루이스에게 긍정은 많은 걸 의미한다. 본인 인생을 치유할 책임을 받아들이는 것, 거울을 들여다보며 기꺼이 "난 너를 사랑해, 정말 사랑해."라고 말하는 것, 작은 파란 책을 쓰고 출판할 용기를 내는 것, 헤이라이드를 개최하겠다고 동의하는 것, 출판사를 설립하는 것, 그리고 무엇보다도 하나의 절대적인 지성이 자신의 앞길을 세세하게 인도해줄 것이라고 믿는 것이다.

9. 언제나 즐겨라

루이스의 인생 전반기는 별로 즐겁지 않았지만, 후반기에는 그걸 만회하고도 남을 정도로 멋진 시간을 보냈다. 이는 주로 그녀가 자기 내면의 아이와 함께한 치유 작업 덕분이다.

루이스는 나중에 이런 내면 아이 치료 작업을 놀이라고 부르면서 지지했다. 그녀는 우리가 성숙하고 현명한 어른으로 성장하려면 내면의 아이를 기꺼이 사랑해야 한다고 가르쳤다. 루이스는 "내면의 아이를 긍정해주라"고 조언했다. "그 아이에게 관심을 기울이세요. 자기 내면의 아이를 사랑하고 받아들일수록 과거를 빨리 치유하고 현재로 옮겨와 즐겁게 지낼 수 있어요."

루이스는 70세에 어린이 미술 수업에 등록했다. "어릴 때 그림 그리는 걸 좋아했는데 학대를 받기 시작하면서 그만뒀죠."라고 회상했다. 75세에는 성인반 미술 수업을 받았다. 그 후 10년 동안 루이스는 지역 예술가인 린다 바운즈(Linda Bounds)를 비롯해 몇몇 미술 교사들과 함께 일했다. 그리고 87세 때 캘리포니아 비스타 중심가에 있는 메인스트리트 갤러리의 아트비트(ArtBeat)에서 첫 번째 공개 전시회를 열었다. 그 전시회는 큰 인기를 끌었다. 원래 계획은 2주였지만 6주로 연장되었다. 수백 장의 그림이 팔렸는데 그림마다 루이스가 직접 서명했고 모은 돈은 전부 헤이 재단에 기부됐다.

10. 인생이 당신을 사랑하게 하라

루이스가 〈오프라 윈프리 쇼〉에 마지막으로 출연했을 때, 오프라가 루이스에게 변화하거나 성장하기에 너무 늦었다고 생각하는 사람에게 어떤 충고를 해주고 싶으냐고 물었다. 루이스는 단호하게 말했다. "다시 생각해보세요! 오랫동안 어떤 것을 믿어왔다고 해서 언제까지나 그 믿음을 유지해야 하는 건 아니에요. 당신을 지지하고 고양시키는 생각을 하세요. 인생이 당신을 사랑한다는 걸 깨달아야 합니다. 그리고 당신이 인생을 사랑하면 이런 멋진 일이 계속될 거예요."

인생은 당신을 사랑한다는 루이스의 대표적인 긍정 확언이다. 이는 그녀의 인생과 업적을 가장 잘 나타내는 핵심적인 생각이다. 책 사인회를 열면 수백 명이 줄을 서서 기다리는 중에도 루이스는 부지런히 책마다 인생은 당신을 사랑합니다, 라고 서명했다. 이메일을 마무리할 때도 인생은 당신을 사랑합니다, 라고 서명했다. 전화나 스카이프 통화를 끝낼 때도 인생은 당신을 사랑한다고 말했다. 이때의 인생(Life)은 항상 대문자 'L'로 시작한다. 모든 일 뒤에서 작용하는 하나의 무한한 지성을 가리키는 것이다.

하지만 인생은 당신을 사랑한다는 단순한 긍정 확언 이상의 의미가 있다. 이 말은 우리가 인생을 사랑할수록 인생도 우리를 사랑하게 된다는 기본적인 신뢰의 철학을 가리킨다. 이 신뢰의 길에 첫걸음을 내딛으려면 먼저 기꺼이 사랑을 받아들여야 한다. 자신을 더 사랑함으로써 진정으로 서로를 더 사랑할 수 있다. 그렇게 해서 우리는 온 마음을 다해 나는 인생을 사랑하고 인생은 나를 사랑해, 라고 긍정 확언할 수 있는 사랑스러운 존재가 되는 것이다.

_ 로버트 홀든

하루
한 장.

마음
챙김

인생의 모든 순간이
새로운 시작점입니다

내가 존재하는 무한한 삶 속에서는

모든 것이 완벽하고 온전하게 갖춰져 있다.

하지만 인생은 계속 변하는 법이다.

시작도 끝도 없고,

본질과 경험의 끝없는 순환과 재생만이 존재한다.

인생은 결코 한곳에 고정되어 조용히 시들어가는 게 아니라,

매 순간 늘 새롭고 신선하다.

나를 창조한 힘은 여전히 내 안에 깃들어있다.

그리고 그 힘은 나만의 환경을 만들 힘을 안겨준다.

원하는 대로 마음껏 사용할 수 있는

내면의 힘이 있다는 걸 알게 되어 기쁘다.

인생의 모든 순간이 새로운 시작점이기에

우리는 옛것에서 벗어나 앞으로 나아갈 수 있다.

이 순간도 바로 지금 여기 있는 나를 위한

새로운 시작점이다.

내가 사는 세상에서는 모든 것이 순조롭다.

변화를 위한
정신적인 노력에 집중할 것입니다

많은 이들이 새해 첫날이 되면 신년 계획을 세우지만, 내면이 바
뀌지 않으면 그런 결심은 금세 사라져 버린다. 내면을 바꾸고 정
신적 노력을 기울이기 전까지는 결코 아무것도 변하지 않을 것이
다. 그러므로 우리가 바꿔야 하는 건 오직 하나, 생각뿐이다. 자기
혐오도 알고 보면 스스로에 대한 생각을 증오하는 일이다.

　올해 나 자신을 위해 긍정적으로 할 수 있는 일은 뭐가 있을까?
작년에 하지 않았던 일 중에 올해 하고 싶은 일은 무엇일까? 작년
에 그렇게 아등바등 매달렸던 일 중에 올해 놓아버리고 싶은 건
없는가? 인생의 어떤 부분을 바꾸고 싶은가? 이 모든 변화를 가져
올 수 있는 일을 기꺼이 할 수 있는가?

내 내면의 힘을 믿습니다

나는 누구인가? 왜 여기에 있는가? 살면서 반드시 지켜야 하는 소신은 무엇인가? 지난 수천 년 동안, 이런 질문에 대한 답을 찾으려면 내면 깊숙한 곳으로 들어가야 했다. 이는 다음의 과정을 의미한다.

우리 모두에게는 완벽한 건강과 완벽한 관계, 완벽한 직업으로 우리를 인도하고, 원하는 모든 성공을 이루게 해줄 힘이 있다. 그런데 이걸 가지려면 먼저 그런 일이 가능하다고 믿어야 한다. 그런 다음 원치 않는 상황을 만들어내는 인생 패턴을 기꺼이 놓아줘야 한다.

무엇이 우리에게 최선인지 이미 알고 있는 내면의 힘을 이용하자. 내면의 이 커다란 힘, 우리를 사랑하고 지탱해주는 이 힘에 기꺼이 내 삶을 맡긴다면, 더 애정 넘치고 성공적인 삶을 이룰 수 있을 것이다.

나는 사랑으로
둘러싸여 있습니다

우리에게는 스스로를 더 사랑할 수 있는 능력이 있다. 사랑받을 자격이 있다. 잘 살고, 건강해지고, 성공할 자격이 있다. 그리고 우리 내면의 어린아이는 훌륭한 어른으로 자랄 자격이 있다.

그러니 사랑으로 둘러싸인 내 모습을 상상해보라. 행복하고 건강하고 온전한 내 모습을 그려보라. 내 삶을 원하는 방식대로 바라보면서 세부적인 부분을 하나씩 채워 넣는 것이다. 우리에게는 그럴 자격이 있다.

그리고 마음속에서 우러나오는 사랑이 졸졸 흘러서 먼저 내 온몸을 채운 다음, 밖으로 발산되도록 한다. 사랑하는 이들이 양옆에 앉아있는 모습을 떠올려본다. 왼쪽에 있는 사람들에게 사랑이 흘러가게 하면서 그들에게 위로가 되는 생각을 전한다. 사랑과 성원의 마음으로 그들을 감싸고, 그들이 잘 되길 빌어준다. 그리고 이번에는 오른쪽에 있는 사람들에게 마음에서 우러나온 사랑이 흘러가게 한다. 치유의 에너지와 사랑과 평화와 빛으로 그들을 감싸자. 우리 안의 사랑이 방 안을 가득 메워 마침내 거대한 사랑의 원 안에 앉아있는 모습이 되어야 한다. 나에게서 흘러나간 사랑이 방 안을 돌고 돌아 몇 배로 커져서 다시 돌아오는 걸 느껴보도록 한다.

나는 바뀔 수 있습니다

아래의 생각들을 진심으로 받아들여서 나의 신념 체계의 일부로 만들 수 있다면, 지금보다 분명 강해질 수 있다. 목표는 우리 자신과 세상에 대한 생각을 바꾸는 것으로, 그렇게 되면 문제가 저절로 해결되는 일이 훨씬 많아질 것이다.

1. 자신의 경험을 책임져야 한다.
2. 우리가 하는 모든 생각이 미래를 만든다.
3. 원망, 비판, 죄책감, 자기혐오 같은 해로운 감정과 씨름하는 건 누구나 마찬가지다.
4. 생각은 생각일 뿐이고, 언제든지 바뀔 수 있다.
5. 꽁꽁 묶어둔 과거를 풀어주고, 모두를 용서해야 한다.
6. '지금'의 나를 인정하고 받아들이는 것이 긍정적인 변화의 열쇠다.
7. 힘을 발휘할 수 있는 지점은 언제나 지금 이 순간 안에 있다.

우리에게 문제를 일으키는 건 사람이나 장소, 사물이 아니라 그런 경험을 '인식하고 대응하는' 방식이다. 그러니 이젠 내 힘을 남에게 넘겨주지 말고, 삶을 책임지자. 내면의 영적 자아를 제대로 이해하는 법을 배우고, 긍정적으로 작용하는 힘 아래에서 움직이는 것이다.

내가 원하는 좋은 것들만
말하겠습니다

내가 가진 모든 생각과 내가 하는 모든 말은 확언이 된다. 확언은 긍정적이거나 부정적이거나 둘 중 하나일 수밖에 없다. 이때 긍정적인 확언은 긍정적인 경험을 만들고, 부정적인 확언은 부정적인 경험을 만든다. 토마토 씨를 심으면 토마토가 자라고, 도토리를 심으면 참나무가 자란다. 강아지가 커서 될 수 있는 건 개뿐이다. 나 자신이나 삶에 대해 부정적인 얘기만 반복하면, 계속 부정적인 경험만 생기게 된다.

나는 이제 인생을 부정적으로 바라보는 오래된 습관을 뛰어넘으려고 한다. 나의 새로운 긍정 확언 습관은 앞으로의 삶에서 내가 원하는 좋은 것들만 말하는 것이다. 그러면 좋은 일만 찾아올 것이다.

우리가 스스로에 대해 생각하는 바는 우리를 향한 진실이 된다. 나를 비롯한 모든 사람은, 최고든 최악이든 자기 인생에서 벌어지는 모든 일에 책임을 져야 한다. 우리가 하는 모든 생각과 말이 경험이 되어 미래를 만들어가기 때문이다.

만약 우리가 어떤 상황을 만들고는 그로 인해 겪는 좌절을 다른 사람 탓으로 돌린다면, 내면의 힘을 빼앗기고 말 것이다. 그 어떤 사람이나 장소, 사물도 우리에게 지배력을 발휘하지 못한다. 우리 마음속에서 생각을 거듭하는 사람은 '우리 자신'뿐이기 때문이다. 마음속에 평화와 화합과 균형이 자리 잡으면 삶 속에서도 그걸 찾을 수 있다.

나는 아름답고,
모든 사람이 나를 사랑합니다

고백컨대, 나 역시 처음에는 미러 워크가 쉽지 않았다. 내게 가장 힘든 것은 "사랑해, 루이스."라는 말이었다. 눈물도 많이 흘렸고, 연습도 많이 해야 했다. 나 자신에게 사랑한다고 말할 때마다 깊게 숨을 들이쉬면서 저항감을 억눌러야 했다. 하지만 이 노력을 계속해나갔고, 결국 미러 워크가 내 삶을 변화시켰다.

   어느 날, 실습을 좀 해보기로 했다. 그래서 거울을 보면서 내게 말했다. "나는 아름답고, 다들 날 사랑해." 물론 처음에는 이 말을 믿을 수 없었지만, 곧 참을성이 생겼고 어느 순간 마음도 편해졌다. 그리고 그날 내내 어디를 가든, "나는 아름답고 다들 날 사랑해."라고 혼잣말을 했다. 그때마다 얼굴에 미소가 떠올랐다. 사람들이 내게 반응하는 모습도 놀라웠다. 다들 정말 친절했다. 그날 나는 자기애라는 기적을 경험했다.

나 자신을 사랑하고
인정합니다

사랑은 기적의 치료법이다. 자신을 사랑하면 인생에 기적이 일어
난다. 물론 여기서의 사랑이란, 허영심이나 오만함, 거만함 등을
말하는 게 아니다. 그런 건 사랑이 아니라 두려움이다. 내가 말하
고 싶은 건 자신을 정말 존중하고 우리 몸과 마음에 일어난 기적
에 감사하라는 것이다.

그만큼 내게 '사랑'이란 가슴이 터져서 흘러넘칠 정도로 깊은
감사를 뜻한다. 사랑은 어떤 방향으로든 흘러갈 수 있으며, 나는
다음과 같은 것들에 사랑을 느낀다.

- 인생 자체의 과정
- 살아있다는 기쁨
- 내가 보는 아름다움
- 다른 사람
- 지식
- 정신적인 과정
- 우리 몸과 그것이 일하는 방식
- 동물, 새, 물고기
- 모든 형태의 식물
- 세상과 그것이 작동하는 방식

당신은 이 목록에 무엇을 추가하겠는가?

내면의 지혜를 향해서
내 마음을 부드럽게 이끕니다

어떤 사람이나 장소, 사물도 나를 지배하지 못한다. 나는 내 마음 속의 유일한 사상가이기 때문이다. 어릴 때는 권위 있는 인물들을 신처럼 여겼지만, 이제는 내 힘을 되찾고 스스로 권위자가 되는 법을 배우고 있다. 이제는 나를 강하고 책임감 있는 존재로 인정한다.

매일 아침 명상을 하면서 내면의 지혜와 접촉한다. 우리는 모두 학생인 동시에 교사라는 사실을 알게 되면서부터 인생 학교가 매우 큰 성취감을 안겨주고 있다. 우리 모두는 뭔가를 배우기도 하고 가르치기도 한다. 그러니 자신의 생각에 귀를 기울이면서, 내면의 지혜를 향해 마음을 부드럽게 이끌어라. 성장하고 꽃을 피우면서 지상에서 생기는 모든 일을 신성한 근원에 맡겨라. 그러면 모든 일이 잘 풀릴 것이다.

내 몸을 소중히 여기고
잘 돌볼 것입니다

몸을 돌보는 건 사랑의 행위다. 영양에 대한 지식이 생기면, 특정한 음식을 먹었을 때 어떤 기분이 드는지 알아차릴 수 있다. 어떤 음식이 자신에게 최고의 힘과 에너지를 주는지 느낄 수 있고, 그러면 앞으로도 계속 그 음식을 먹게 될 것이다.

　우리가 머물고 있는 '몸'이라는 이 멋진 신전을 소중히 여기고 숭배해야 한다. 자기 몸을 소중히 대하는 가장 좋은 방법은 그걸 사랑하는 것이다. 거울에 비친 자신의 눈을 자주 들여다보라. 자기가 얼마나 멋진 사람인지 스스로에게 말해보라. 거울 속에서 자기 모습을 볼 때마다 자신에게 긍정적인 메시지를 보내라. 그냥 자기 자신을 사랑하라. 날씬해지거나 근육이 붙거나 콜레스테롤 수치가 낮아질 때까지 기다리지 말고, 그냥 지금 당장 말이다. 우리는 언제나 스스로가 멋지다고 생각할 자격이 있다.

나는 기꺼이
내 자신을 사랑하겠습니다

거울을 보면서 긍정 확언을 하는 '미러 워크' 실습을 하루 종일 해보자. 아침에 욕실 거울 앞에서 시작해서, 거울 앞을 지나가거나 창에 비친 자기 모습을 볼 때마다 반복할 수 있다.

1. 거울 앞에 서거나 앉는다.
2. 자기 눈을 들여다본다.
3. 깊게 숨을 들이쉬면서 다음과 같은 긍정 확언을 한다. 나는 널 좋아하고 싶어. 정말 널 사랑하는 법을 배우고 싶어. 어서 즐겁게 해보자.
4. 다시 한번 심호흡을 한 뒤, 이번에는 이렇게 말한다. 너를 정말 좋아하는 법을 배우고 있어. 나는 너를 정말 사랑하는 법을 배우고 있어.
5. 조금 어렵다는 건 알지만 계속 노력해주기 바란다. 계속 심호흡을 하면서 자기 눈을 들여다보자. 이번엔 위의 문장을 말할 때마다 자기 이름을 집어넣는다. 널 사랑하는 법을 배우고 싶어, [자기 이름]. 널 사랑하는 법을 배우고 싶어.
6. 하루 내내 거울 앞을 지나가거나 어딘가에 비친 자기 모습이 보일 때마다 이 긍정 확언을 반복한다. 조용히 속으로만 말해도 상관없다.

완벽한 건강은 나의 신성한 권리이며, 지금 그 권리를 주장합니다

우리 몸이 겪는 모든 '질병'은 우리 자신에게서 비롯된 것이다. 인생의 다른 모든 것과 마찬가지로, 몸은 우리의 내적 사고와 신념을 비추는 거울이다. 몸은 항상 우리에게 말을 걸므로 시간을 내서 귀를 기울이기만 하면 된다. 우리 몸 안의 모든 세포는 우리가 하는 모든 생각에 반응을 보인다.

질병 뒤에 어떤 정신적 패턴이 도사리고 있는지 알아낸다면, 그 패턴을 바꿔서 병을 고칠 기회가 생긴다. 의식적으로 병에 걸리기를 원하는 사람은 없을 테지만, 사실 우리가 앓는 모든 병은 일종의 나침반 같은 역할을 한다. 병은 의식 속에 그릇된 생각이 있다는 것을 우리 몸이 알려주는 신호이다. 지금 우리가 믿고, 말하고, 행하고, 생각하는 것들이 우리에게 제일 좋은 건 아니라는 뜻이다.

나에겐 하루하루가
새로운 시작입니다

오늘은 새로운 날이다. 우리가 즐겁고 만족스러운 삶을 만들어가기 시작하는 날이다. 우리 자신의 모든 한계를 없애기 시작하는 날이다. 그리고 인생의 비밀을 배우는 날이다. 우리는 인생을 더 좋은 쪽으로 바꿀 수 있다. 그렇게 할 수 있는 도구가 이미 우리 안에 있다. 그 도구란 바로 생각과 신념이다.

우리가 하는 모든 생각과 말이 확언이다. 모든 자기 대화와 내적 대화는 확언의 연속이다. 스스로가 인식하든 못하든, 우리는 매 순간 확언을 사용하고 있다. 모든 말과 생각을 통해 인생 경험을 만들고 긍정한다.

확언은 문을 열어준다. 그건 변화를 향한 시작점이다. 우리는 자신의 잠재의식을 향해 "내가 책임자다. 변화를 위해 내가 할 수 있는 일이 있다는 걸 안다"고 말하는 셈이다. 그러므로 자신의 삶에서 뭔가를 제거하거나 새로운 걸 만드는 데 도움이 되는 단어를 의식적으로 선택해야 한다.

오늘 나는 멋진 새 날과 멋진 새 미래를 만들었다.
매일 매일이 새로운 기회다. 어제는 완전히 끝났다.
오늘은 내 미래의 첫날이다.
나는 끊임없이 변화하는 삶의 리듬과 흐름 속에서 안전함을 느낀다.

내 존재의 훌륭함을
인정합니다

당신이 작은 아기였던 시절, 당신은 얼마나 완벽했던가. 아기들은 완벽해지기 위해 아무것도 할 필요가 없다. 그들은 이미 완벽하고, 그 사실을 아는 것처럼 행동한다. 아기는 자기가 세상의 중심이라는 걸 안다. 자기가 원하는 걸 요구하는 것을 두려워하지 않으며, 감정을 자유롭게 표현한다. 아기가 화가 나면 바로 알 수 있다. 온 동네 사람들이 다 알게 된다. 또 아기가 언제 행복한지도 알 수 있다. 아기의 미소가 방을 환하게 밝히기 때문이다. 아기들은 사랑으로 가득 차있다.

아기들은 사랑을 받지 못하면 죽을 것이다. 나이가 들면 사랑 없이도 사는 법을 배우게 되지만, 아기들은 그걸 견디지 못한다. 또 아기들은 자기 몸의 모든 부분, 심지어 자기 배설물까지 다 사랑한다. 그들은 믿을 수 없을 만큼 용감하다.

당신도 그랬다. 우리 모두 그랬다. 그러다가 걱정하는 법을 알려주는 주위 어른들의 말을 듣기 시작하면서부터, 우리 자신의 훌륭함을 부정하게 되었다.

나를 찾는 많은 사람들이 자기가 얼마나 끔찍하고 불쾌한 인간인지 설명하려 하지만, 난 그 말을 절대 믿지 않는다. 내가 할 일은 그들이 자신을 진정으로 사랑할 줄 알았던 때로 되돌려놓는 것이다.

내면의 아이를
연민으로 감싸 안겠습니다

과거의 상처를 치료하려면 내면의 아이를 돌보는 게 가장 중요하다. 대개 우리는 자기 안에 있는 겁먹은 어린아이의 감정과 거의 접촉하지 않는다. 만약 당신이 두려움과 다툼이 가득한 어린 시절을 보냈고 지금도 정신적으로 자책을 한다면, 내면의 아이는 갈 곳이 없다. 당신은 부모가 정한 한계를 뛰어넘어서, 내면의 길 잃은 아이와 연결되어야 한다. 당신이 신경 쓰고 있다는 걸 그 아이가 알아야 한다.

지금 잠시 시간을 내서 그 아이에게 "난 네게 관심이 많단다. 사랑해. 정말 사랑해."라고 말하라. 어쩌면 내면의 어른에게 이 말을 해줘야 할지도 모른다. 그러니 먼저 내면의 아이에게 말을 거는 것부터 시작하자. 앞으로 며칠 동안 어디를 가든 아이의 손을 잡고 함께 다니는 모습을 상상하면서, 이를 통해 얼마나 놀랍고 즐거운 경험을 할 수 있는지 그려본다.

애정 어린 눈길로
나를 바라보겠습니다

루이스를 떠올리며_글 : 로버트 홀튼

"미러 워크를 처음 할 때는 쉽지 않았어요." 루이스가 말했다.

"무슨 일이 있었는데요?" 내가 물었다.

"결점만 찾았거든요. 어찌나 많던지!" 루이스가 웃으며 말했다. "일단 눈썹이 이상했어요. 주름도 너무 많고, 입술 모양도 이상하더군요. 일일이 다 꼽자면 한도 없어요."

"미러 워크를 그만두고 싶다는 기분이 들진 않았나요?"

"그랬죠. 하지만 내가 신뢰하던 훌륭한 선생님이 거울 앞에서 안전한 기분을 느끼도록 도와줬어요. 거울이 나를 판단하는 게 아니라, 날 판단하는 건 나라는 사실을 지적하셨죠. 그러니까 거울을 두려워할 필요가 없었던 거예요."

"그래서 미러 워크를 계속할 수 있었군요."

"맞아요, 그리고 얼마 뒤부터 작은 기적이 생기는 걸 깨닫기 시작했어요." 루이스가 말했다.

"그게 무슨 말인가요?"

"음, 신호등이 나만을 위해 녹색으로 변하는 것 같았어요. 그리고 평소에는 주차할 자리가 하나도 없던 곳에 좋은 주차 공간이 생기곤 했죠. 삶에 새로운 리듬이 생겼어요. 나 스스로에게 관대해졌고 사는 게 한결 편해졌어요."

모든 사람과 모든 것을
용서합니다

기분이 안 좋을 때는 마음을 잘 살펴서 내가 누구를 용서해야 하는지 생각해봐야 한다. 내가 좋아하는 책《기적 수업(A Course in Miracles)》에서는 "모든 병은 용서하지 못하는 마음 때문에 생긴다", "기분이 안 좋을 때는 주위를 둘러보면서 누구를 용서해야 하는지 알아봐야 한다"라는 구절이 나온다.

  나는 여기에 가장 용서하기 힘든 사람이 바로 가장 잊어버려야 하는 사람이라는 말을 덧붙이고 싶다. 용서란 단념하고 놓아주는 걸 의미한다. 그 사람의 행동을 용납하라는 게 아니다. 그냥 모든 걸 놓아버리는 것이다. 용서하는 법을 알아야 할 필요는 없다. 그냥 용서하려는 의지만 있으면 된다. 그러면 방법은 자연스레 알게 될 것이다.

인생이 내게 필요한 걸
전부 가져다줄 거라고 믿습니다

한 친구가 뉴욕의 종교과학 교회에서 열린 강연에 날 초대했다. 그녀는 혼자 가기 싫다며 같이 가자고 청했다. 그래서 초대에 응했는데 막상 그날 가보니 친구는 오지 않았다. 혼자서라도 강연을 들을 건지 정해야 했는데, 결국 그냥 들어보기로 했다.

그렇게 강연에 참석했던 그날, 어떤 강사가 "생각을 바꾸고자 한다면 인생도 바꿀 수 있다"고 말하는 걸 들었다. 별 것 아닌 얘기처럼 들릴지도 모르지만 내게는 큰 의미가 있는 말이었다. 그 말이 내 주의를 사로잡았다. 사실 나는 그때까지 공부라고는 해본적이 없었다. YWCA 수업을 듣게 하려고 계속 애쓰던 친구도 있었건만, 당시에는 공부에 전혀 흥미가 생기지 않았다. 하지만 그날 이 주제와 관련된 뭔가가 내 마음을 확 잡아당겼고, 다음에 다시 가보기로 했다.

그때 친구가 오지 않은 덕에 일이 더 완벽해졌다는 걸 이제는 안다. 아마 친구가 왔더라면 완전히 다른 경험을 했을 것이다. 그렇게 모든 것이 완벽하게 이루어졌다.

사랑의 원에 에워싸인 세상을
선택합니다

매우 안전한 공간에 서있는 나 자신을 바라보라. 모든 부담과 고통과 두려움을 날려 보내고, 오래된 부정적 패턴과 중독도 날려 보내라. 그것들이 나에게서 떨어져 나가는 모습을 지켜보라. 그런 다음 이 안전한 장소에서 두 팔을 벌리고 서서 나는 개방적이고 수용적이야, 라고 말하며 내가 진짜로 원하는 것들이 무엇인지 선포하는 모습을 떠올린다. 온전하고 건강하고 평화롭게 지내는 내 모습, 사랑으로 가득 찬 내 모습을 바라보라.

그리고 이 안전한 공간에서, 세상에 사는 다른 사람들과 연결되어 있음을 느껴보라. 내 내면의 사랑이 가슴에서 가슴으로 퍼져 나가게끔 하라. 내가 사랑을 내보내면 그게 몇 배로 커져서 다시 돌아온다는 걸 알아야 한다. 다른 사람에게 위로의 생각을 전하면, 이 위로의 마음은 나에게로 되돌아온다.

이 행성에서 우리는 증오의 원 안에 있을 수도 있고, 사랑과 치유의 원 안에 있을 수도 있다. 나는 사랑의 원 안에 있는 쪽을 택했다. 그리고 모든 이들이 이를 원한다는 걸 깨달았다. 모두가 평화롭고 안전하기를 바라고, 창의적으로 자신을 표현하면서 성취감을 느끼기를 바란다. 이 세상이 놀라운 사랑의 원이 되는 모습을 지켜보라. 그리고 세상은 실제로 그러하다.

서로 사랑하는 세상은
나로부터 비롯됩니다

나는 서로 사랑할 수 있는 안전한 세상을, 다시 말해 섣부른 판단이나 비판, 편견 없이 우리 자신을 표현하고 주위 사람들에게 사랑받고 받아들여질 수 있는 세상을 만들고 싶다.

　사랑은 집에서부터 시작된다. 성경에는 "네 이웃을 너 자신처럼 사랑하라"고 적혀있는데, 우리는 '너 자신처럼'이라는 두 단어를 자주 잊곤 한다. 내 내면에서부터 사랑이 시작되지 않으면 아무도 사랑할 수 없다. 있는 그대로의 나를 사랑해야만 나를 다치지 않게 하고, 다른 사람에게도 더 이상 상처를 주지 않는다. 그러기에 자기애는 우리가 스스로에게 줄 수 있는 가장 소중한 선물이다. 내적 평화가 자리 잡으면 전쟁도, 갱단도, 테러리스트도, 노숙자도 없을 것이다. 질병도, 에이즈도, 암도, 가난도, 기아도 사라질 것이다.

　그러므로 내게 이것은 세계 평화와 내면의 평화를 위한 처방전이다. 평화, 이해, 연민, 용서, 그리고 무엇보다 중요한 사랑. 우리는 누구나 이런 변화를 일으킬 수 있는 힘을 자기 내면에 가지고 있다.

있는 그대로의 나 자신을
사랑합니다

우리는 이 놀라운 세상을 창조한 힘을 사랑이라고 부르곤 한다. 신은 사랑이다. 사랑이 세상을 움직인다는 말을 자주 듣는데 이건 사실이다. 사랑은 온 세상을 하나로 묶어주는 결합제다.

내게 사랑은 깊은 감사를 뜻한다. 내가 자신을 사랑하라고 말하는 것은 있는 그대로의 자기 모습에 깊이 감사하라는 얘기다. 자신의 모든 부분, 그러니까 훌륭한 자질뿐만 아니라 약간 특이하거나 당황스러운 부분, 서툰 부분까지 다 받아들여야 한다. 그 모든 걸 무조건적인 사랑으로 감싸 안는 것이다.

안타까운 사실은 살이 빠지거나, 직장을 얻거나, 연봉이 오르거나, 남자친구가 생기거나, 기타 특정한 조건이 충족되기 전까지는 자신을 사랑할 수 없다는 이들이 많다는 것이다. 우리는 종종 자신의 사랑에 조건을 붙이곤 한다. 하지만 이런 태도는 바뀌어야 한다. 지금 이대로의 모습으로도, 나는 나를 사랑할 수 있다!

나는 내 생각을
선택할 수 있습니다

루이스를 떠올리며_글 : 로버트 홀든

어느 날, 루이스와 함께 집 근처 자연 산책로로 산책을 나갔다. 크고 오래된 유칼립투스 나무들이 밝은 햇빛을 가려줬다. 그때 우리는 그녀가 평소 주장해온 '자신의 생각을 선택할 수 있다'는 원리에 대해서 얘기를 나눴다.

"생각을 선택할 수 있다는 게 정확히 무슨 말인가요?" 내가 물었다.

그녀는 "생각에는 당신이 부여하는 힘 외에는 다른 힘이 없다는 뜻이에요."라고 말하며, 생각은 우리가 그들과 동일시할 때만 크고 강력해질 수 있는 아이디어(의식 속의 가능성)일 뿐이라고 설명했다. "우리는 마음속에 존재하는 유일한 사상가니까, 자기 생각이 진실인지 아닌지 선택할 수 있어요."

내가 가장 좋아하는 그녀의 원칙 중 하나는 '우리가 다룰 수 있는 유일한 대상은 생각이며, 생각은 바뀔 수 있다'는 것이다. 우리가 고통을 느낀다면, 그건 대부분 무언가에 대한 자신의 생각에 반응하고 있기 때문이다. 그 고통은 마음에서 생기는 것이다. 말 그대로 내 내면 때문에 고통을 받는다는 신호다. 괴로움에서 벗어나는 방법은 마음과 친구가 되어 자기가 그 생각을 한 장본인이라는 사실을 스스로 일깨우는 것이다. 행복은 언제나 생각 하나 차이일 뿐이다.

나는 내 사랑을
받을 자격이 있습니다

Jan.
24

미러 워크는 연습하면 할수록 더 쉬워질 테지만, 분명 익숙해지 기까지는 시간이 걸린다. 그러므로 자주 미러 워크를 하는 습관 을 들이면 좋겠다. 아침에 일어나자마자 시도해보자. 어딜 가든 항상 휴대용 거울을 들고 다니며 자신에게 애정 어린 긍정 확언 을 할 수도 있다.

1. 거울 앞에 선다.
2. 자기 눈을 똑바로 바라본다.
3. 빈 칸에 자기 이름을 넣어서 이렇게 긍정 확언한다. [이름], 사 랑해. 정말, 정말 사랑해.
4. 이제 잠시 시간을 두고 다음과 같은 말을 두세 번 더 반복한다. 정말, 정말 사랑해, [이름].
5. 이 긍정 확언을 계속 되풀이한다. 하루에 적어도 백 번 이상 말 했으면 좋겠다. 그렇다, 하루에 백 번씩. 많은 것 같겠지만, 사 실 익숙해지면 하루에 백 번쯤은 쉽다.
6. 그러니 거울 앞을 지나가거나 어딘가에 비친 자기 모습이 보 일 때마다 이 긍정 확언을 되풀이하자. [이름], 사랑해. 정말, 정말 사랑해.

나 자신을 있는 그대로
사랑하고 받아들입니다

나는 나 자신을 있는 그대로 사랑하고 받아들인다. 내가 어디에 있든 나를 지지하고, 믿고, 받아들인다. 나는 내 사랑 안에 머물 수 있다. 내 가슴에 손을 얹고 거기 있는 사랑을 느낀다. 내 안에 지금 당장 나를 받아들일 수 있는 충분한 공간이 있다는 걸 안다. 내 몸, 내 몸무게, 내 키, 내 외모, 내 성적 취향, 내 경험을 받아들인다. 내가 스스로 만들어낸 모든 것, 나의 과거와 현재를 받아들인다. 기꺼이 내 미래가 열리도록 허락한다.

나는 신적이고 장엄한 생명의 표현이며, 최고의 것을 누릴 자격이 있다. 이제 나 자신을 위해 이 사실을 받아들인다. 나는 기적을 받아들인다. 치유를 받아들인다. 모든 걸 받아들인다. 그리고 무엇보다 나 자신을 받아들인다. 나는 소중하고, 나 자신을 소중히 여긴다. 그리고 그건 당연한 일이다.

나의 모든 욕구는
항상 충족될 것입니다

우리를 창조한 힘은 우리를 위해 모든 걸 마련해뒀다. 그걸 누리고 받아들이는 건 우리 자신에게 달려있다. 지금 우리가 가진 건, 전부 우리가 받아들인 것들이다. 뭔가 다른 걸 원하거나 그 이상 혹은 이하를 원한다면, 불평만 늘어놓아서는 안 되고 의식을 확장해야 한다. 모든 청구서를 애정으로 받아들이고, 내가 쓴 돈이 곱절로 돌아온다는 걸 알고 기뻐할 수 있어야 한다. 이런 문제들을 긍정적으로 느낄 수 있어야 한다. 청구서는 정말 멋진 물건이다. 그것은 누군가가 당신에게 지불 능력이 있다는 걸 알고, 자신의 서비스나 제품을 내줄 만큼 당신을 신뢰했다는 뜻이다.

단 하나의 무한한 지성이
언제나 나를 긍정합니다

나는 내 인생과 하나임을 안다. 나는 무한한 지혜에 둘러싸여 있다. 그 사실을 알고 있기에, 나는 내게 필요한 자양분을 긍정적인 방식으로 얻기 위해서, 온전히 세상에 의지할 수 있다. 내게 필요한 모든 것이 이미 여기서 날 기다리고 있다. 이 행성은 내가 먹을 수 있는 것보다 더 많은 음식을 갖고 있다. 내가 쓸 수 있는 것보다 더 많은 돈이 있다. 내가 만날 수 있는 것보다 더 많은 사람이 있다. 내가 경험할 수 있는 것보다 더 많은 사랑이 있다. 내가 상상할 수 있는 것보다 더 많은 기쁨이 있다.

단 하나의 무한한 지성은 언제나 나를 긍정한다. 내가 뭘 믿든, 생각하든, 말하든, 세상은 항상 그것이 옳다고 말한다. 나는 부정적인 생각이나 부정적인 주제에 시간을 낭비하지 않는다. 나와 내 인생을 가장 긍정적인 시선으로 바라볼 것이다. 기회와 번영을 긍정한다. 모든 좋은 것을 긍정하고 받아들인다. 나는 긍정적인 세상의 관심을 받으면서 긍정적인 세상에 살고 있는 긍정적인 인간이며, 그 사실이 기쁘다. 나는 세상의 지혜와 하나가 되어 세상의 강력한 힘의 지지를 받는 것에 감사한다. 내가 지금 여기서 즐기는 모든 것을 신에게 감사한다.

나에게 애정을 기울여서
완벽한 건강 상태를 만듭니다

나는 인생과 하나이고, 인생의 모든 부분이 나를 사랑하고 지지해
준다. 덕택에 나는 항상 완벽하고 생기 넘치는 건강을 유지할 수
있다. 내 몸은 건강해지는 법을 알고 있으며, 나는 건강한 음식과
음료를 먹고 내가 즐길 수 있는 방법으로 운동을 하면서 이를 따
른다. 내 몸은 나를 사랑하고, 나도 내 몸을 소중히 여긴다. 나는
내 부모와 다르고, 그들이 앓던 병을 재현하지도 않을 것이다. 나
는 세상에 유일무이한 나다. 나는 건강하고 행복하며 온전한 삶을
살아간다. 이것이 내 존재의 진실이며, 이를 있는 그대로 받아들
인다. 내 몸에서는 모든 것이 잘될 것이다.

나는 어디를 가든
반짝이며 빛납니다

지금의 내 몸은 내게 완벽하게 어울린다. 내 몸무게 또한 완벽하다. 나는 내가 선택한 바로 그곳에 있다. 나는 아름답고, 날마다 더 매력적으로 변해간다. 예전에는 이런 생각을 받아들이기가 매우 힘들었지만, 이제는 깊은 사랑을 받는 사람처럼 나 자신을 대하는 데 익숙해지고 있다. 이따금 몸에 좋은 소소한 간식과 즐거움을 나에게 선사하기도 한다. 조용한 시간, 자연 속에서의 산책, 마음을 누그러뜨리는 뜨거운 목욕 등 내가 정말 좋아하는 애정 어린 행동들이 나를 자라게 한다. 나는 나를 돌보는 걸 즐긴다. 나는 나를 좋아하고 나의 가장 친한 친구가 되는 게 바람직하다고 믿는다. 내 몸이 별빛으로 가득 차있고 어디를 가든 가는 곳마다 반짝이고 빛난다는 걸 안다.

나 자신을 사랑하는 가장 좋은 방법은 과거의 부정적인 메시지를 모두 털어버리고 현재를 살아가는 것이다. 종종 우리가 어릴 때 부모님이나 선생님, 다른 권위 있는 사람들에게 받은 메시지들은 '자기 대화', 즉 자신에게 속으로 하는 말에 영향을 미치곤 한다. 그러니 이 미러 워크 연습을 통해 자기 대화 내용을 바꿔보도록 하자.

1. 거울 앞에 서거나 앉은 다음, 자기 눈을 바라본다.

2. 이렇게 긍정 확언한다. 내게 무슨 말을 하든, 애정을 담아 말할 거야.

3. 계속 반복한다. 거울에 비친 내게 무슨 말을 하든, 애정을 담아 말할 거야.

4. "넌 멍청해" 혹은 "넌 자격이 없어" 같은 어릴 때 들었던 말이 아직도 머릿속에 박혀있는가? 이런 부정적인 문장을 긍정 확언으로 바꾸자. 나는 창의적이고 아이디어가 풍부한 천재야. 나는 훌륭한 사람이야. 나는 사랑받을 만한 사람이야.

5. 이 새로운 확언 가운데 한두 개를 골라 반복해서 말한다.

6. 하루 종일, 거울 앞을 지나가거나 창문에 비친 자기 모습을 볼 때마다 잠시 멈춰서 애정 어린 긍정 확언을 반복한다.

내 몸이 전하는 메시지에
애정을 담아 귀를 기울입니다

긍정 확언을 글로 썼을 때 발생하는 힘을 느껴보자. 긍정 확언 내용을 글로 쓰면 그 힘을 강화시킬 수 있다. 자신의 건강에 관한 긍정 확언을 스물다섯 번쯤 써보자. 긍정 확언은 직접 만들어도 되고 다음 중 하나를 사용해도 좋다.

내 치유는 이미 진행 중이다.
나는 내 몸의 메시지에 애정을 담아 귀를 기울인다.
지금 내 건강은 빛나고 활기차며 역동적이다.
나의 완벽한 건강에 감사한다.
나는 건강할 자격이 있다.

내 안의 지혜를
열린 마음으로 받아들입니다

내가 존재하는 무한한 삶 속에서는

모든 것이 완벽하고 온전하게 갖춰져 있다.

나는 매일 매 순간 내 안에 흐르는

나보다 훨씬 큰 힘을 믿는다.

이 세상에는 오직 하나의 지성만이 존재함을 알기에

내면의 지혜에 마음을 연다.

이 하나의 지성으로부터

해결책과 치료법, 새로운 창조물에 이르기까지 모든 답이 나온다.

나는 이 힘과 지성이

내가 알아야 할 것을 전부 알려주고

내게 필요한 건 뭐든지

적절한 시공간 순서에 따라 내게 올 것이라고 믿는다.

내 세상에서는 만사가 순조롭다.

나는 사랑하고 사랑스러우며
사랑받는 존재입니다

나는 우리 모두가 이 행성의 특정한 시간과 공간 속에서 인간으로 현신한 거라 믿는다. 우리는 영적 진화를 이루기 위한 특별한 교훈을 얻기 위해 이곳에 왔다.

삶의 과정이 건전하고 긍정적으로 흐르도록 만드는 방법 하나는 나 자신의 개인적 진리를 선언하는 것이다. 간절히 원하는 것을 막는 제한적인 믿음에서 벗어나라. 부정적인 생각 패턴을 머릿속에서 지우겠다고 선언하라. 두려움과 부담감은 버려라. 오랫동안 나는 다음과 같은 생각을 믿었고, 이를 통해 많은 도움을 받았다.

1. "내가 알아야 할 모든 일은 결국 밝혀질 것이다."
2. "내게 필요한 것은 모두 완벽한 시간과 공간 순서에 따라 내게 온다."
3. "인생은 즐겁고 사랑으로 가득 차 있다."
4. "나는 사랑하고 사랑스러우며 사랑받는다."
5. "나는 건강하고 에너지가 충만하다."
6. "나는 어디를 가든 번창한다."
7. "나는 변화하고 성장해갈 의향이 있다."
8. "내 세상에서는 모든 일이 순조롭다."

내 고귀한 자아는
죄책감에 면역이 되어있습니다

루이스를 떠올리며_글 : 로버트 홀든

루이스는 종종 "사람들이 죄책감을 치유하도록 돕는 게 내가 하는 가장 중요한 일"이라고 말하곤 했다. "자기가 가치 없는 인간이라고 믿으면서 계속 죄책감을 느낀다면, 누구에게도 도움이 되지 않는 틀에 갇혀있게 되니까요."

한번은 그녀의 말을 들으면서 문득 의문이 들었다. 죄책감에도 긍정적인 목적이 있을까? 내 질문을 들은 루이스는 "죄책감의 유일한 긍정적 기능은, 진정한 자신이 누구인지 잊어버리고 있으니, 이제 기억해야 할 때라는 걸 알려주는 것"이라고 대답했다. 죄의식은 경고 표시, 즉 자신의 본성에 어울리지 않는 행동을 하거나 애정이 기반이 된 행동을 하지 않을 때 울리는 경보음이라는 것이다.

"죄책감은 아무것도 치유하지 못해요. 당신이 한 행동, 혹은 누군가가 당신에게 한 행동에 대해 죄책감을 느낀다고 해서 과거가 사라지지는 않아요. 죄책감이 과거를 좋게 만들지는 않죠."

"그건 절대로 죄책감을 느껴서는 안 된다는 말인가요?"

"아뇨, 죄책감을 느끼거나 자기가 가치 없는 존재라는 생각이 들 때는 치유가 필요하다는 표시로 삼아야 한다는 얘기에요."

"그럼 어떻게 해야 죄책감을 치유할 수 있나요?"

"모든 걸 용서해야 합니다."

내 일은 내가 좋아하는 것을
하는 것입니다

나는 신성한 지성이 내 일을 잘 이끌 거라고 믿는다. 내가 세속에
서 어떤 직업에 종사하든, 나는 이 신성한 지성에게 고용된 도구
다. 세상에는 오직 하나의 지성만이 존재하며, 이 지성은 우리 태
양계의 각 행성들을 질서정연하고 조화롭게 수백만 년 동안 인도
해왔다. 나는 기꺼이 이 지성을 내 일의 파트너로 받아들인다. 이
파워풀한 지성과 함께 일하기 위해 에너지를 쏟는 건 내게 쉬운
일이다. 이 지성으로부터 나와 내 일을 성공으로 이끄는 모든 해
답과 해결책, 치유 방법, 아이디어, 결과물이 쏟아진다.

나는
내 삶의 과정을 믿습니다

영적인 길에 처음 발을 들여놓은 이후로, 나는 아무것도 통제하려 하지 않았다. 오히려 그 무엇도 통제할 필요가 없다고 느꼈다. 인생은 언제나 내게 필요한 것을 가져다줬다. 그래서 나는 항상 눈앞에 나타나는 것에만 반응한다. 사람들은 헤이 하우스(Hay House)를 어떻게 시작하게 되었느냐고 자주 물어보곤 한다. 그들은 내가 헤이 하우스를 시작한 날부터 지금까지 있었던 일들을 전부 낱낱이 알고 싶어 하는데, 내 대답은 항상 똑같다. 전화를 받고 메일을 확인했다. 그리고 앞에 놓인 일을 했다.

　나는 그렇게 살아왔다. 마치 인생이 내게 닥친 모든 일을 한 번에 하나씩 간단하게 처리해주는 것 같았다. 봉투를 봉하고 우표에 침을 묻히는 데 아주 능했던 당시 90세였던 어머니와 함께 사업을 시작했고, 거기에서부터 성장했으니 말이다.

매일 놀라운 방법으로
내 삶에 풍요가 흘러들어옵니다

맨 처음 "세상의 풍요는 누구나 이용할 수 있다"는 말을 들었을 때
는 어처구니가 없었다. "가난한 사람들은 눈에 보이지도 않나 보
네. 아무 희망도 안 보이는 내 끔찍한 몰골을 좀 보라고." 속으로
그런 생각을 했다.

　"당신의 가난은 의식 속의 믿음일 뿐"이라는 말을 듣고는 정말
화가 났다. 그 까닭에 내가 번창하지 못한 게 다 내 책임이라는 사
실을 깨닫고 받아들이기까지 오랜 세월이 걸렸다. 이는 내가 '부
적절한 인간이고' '자격이 없으며' '돈을 벌기 힘들고' '재능도 능
력도 없다'와 같이, 내가 가진 걸 인정하지 않는 잘못된 믿음 때
문이었다.

　부는 돈이 찾아올 거라는 우리의 믿음에 달려있다. 이 문장을
봤을 때 가장 먼저 어떤 생각이 드는가? 이 말을 믿는가? 화가 나
는가? 무관심한가? 이 책을 집어던지고 싶은가? 이런 반응을 보
였다면, 좋다. 이는 내가 당신의 마음속 깊은 곳에 있는 뭔가를 건
드린 것이다. 진실에 대한 저항 지점 말이다. 우리는 이 부분에 공
을 들여야 한다. 이제 돈의 흐름과 온갖 좋은 것들을 다 받아들일
수 있는 잠재력을 발휘하기 위해 마음의 문을 활짝 열어야 한다.

나는 내면의 지혜를
믿습니다

내면의 목소리에 귀를 기울이면서 그에 따라 행동하는 게 건강과
행복으로 가는 지름길이다. 건강을 지키는 첫걸음은 나 그 자체이
며, 면역력은 나 자신을 돌보는 능력으로부터 시작된다. 내 몸속
면역 세포는 내가 생각하고 믿는 것들을 통해 배우기 때문이다.

나는 내면의 아이를 사랑하고 돌본다.
나의 내면의 지혜를 믿는다.
싫다고 말하고 싶을 때는 싫다고 말하고,
좋다고 말하고 싶을 때는 좋다고 말한다.
올바른 선택을 하기 위해 조언받을 수도 있다.
신성한 지성이 날 계속 인도하면서
내게 적합한 게 무엇인지 깨닫도록 해주는 것이다.
하루를 시작하면서 나를 인도하는 목소리에 귀 기울인다.
직관은 항상 내 편이다.
그것이 항상 나와 함께할 것이라고 믿는다.
나는 안전하다.
나는 스스로를 대변한다.
내가 원하는 걸 요구하고, 내 힘을 주장한다.

인생은 나를 지지하고
사랑합니다

사람들이 어떤 문제를 가지고 날 찾아올 때, 나는 그게 어떤 문제
인지(건강이 나쁘건, 돈이 부족하건, 관계가 만족스럽지 못하건, 창의
성이 억압받건) 상관하지 않는다. 내가 공을 들이는 건 단 한 가지,
바로 자신을 사랑하는 것뿐이다.

　우리가 있는 그대로의 자신을 진정으로 사랑하고 받아들이며
승인할 때, 인생의 모든 것이 제대로 돌아갈 수 있다. 마치 모든 곳
에 작은 기적이 숨어있는 것 같다. 건강이 좋아지고, 더 많은 돈
을 끌어들이며, 관계가 훨씬 만족스러워지고, 성취감을 느끼며 나
를 표현할 기회가 생긴다. 이 모든 일들이 우리가 노력하지 않아
도 일어난다.

내 하루의 시작과 끝은 감사입니다

루이스를 떠올리며_글 : 로버트 홀든

루이스 헤이가 매일 아침 일어나 제일 먼저 하는 일이 뭔지 아는가? 이를 닦는 것도 화장실에 가는 것도 아니고, 룸바 춤을 추는 것도 아니다. 그녀가 매일 아침 그런 일을 하지 않는다는 얘기가 아니라, 눈 뜨자마자 제일 먼저 하는 일은 아니라는 것이다. 그렇다면 정답은? 그녀는 잠을 푹 자게 해준 침대에게 감사 인사부터 한다.

"루이스, 내가 아는 사람들 가운데 잘 자게 해줬다고 침대한테 감사하는 사람은 당신밖에 없어요."

"음, 마침내 그런 사람을 만나게 되었다니 다행이네요."

"그런 행동이 일반적이지 않다는 건 알죠? 하하."

"난 평범해지는 것에는 관심이 없거든요."

"정상적이란 말이 과대평가되긴 했죠."

"나도 그렇게 생각해요."

"그럼 언제 처음으로 잘 자게 해줘서 고맙다고 침대에 감사 인사를 하기 시작했나요?"

"어머, 모르겠어요." 마치 평생 해온 일이라는 것처럼 그녀가 말했다. "30년 전이던가, 아님 40년 전이던가? 옛날엔 아침에 일어나면 세상에, 또 하루가 시작되다니! 라고 생각했죠." 루이스가 크게 웃으며 말을 이었다.

"그런데 이제는 그게 강력한 긍정 확언으로 자리 잡았어요!"

아이들을
있는 그대로 사랑합니다

아이들은 부모의 소유물이 아니라 세상이 내린 축복이다. 그들 개개인은 밝은 영혼이며, 오래된 영적 영혼이 또 다른 체험을 하기 위해 온 것이다. 그들은 앞으로 얻게 될 교훈과 도전을 위해 자기 부모를 선택했다. 아이들은 우리에게 많은 걸 가르쳐주러 이곳에 온 것이다. 우리가 열린 마음으로 배움을 받아들이기만 한다면 말이다.

아이들은 도전적이다. 우리들과 다른 방식으로 삶을 바라보기 때문이다. 부모들은 종종 낡고 뒤떨어진 개념으로 아이들을 가르쳐야 한다고 주장하는데, 아이들은 본능적으로 그것이 자신에게 적합하지 않다는 걸 알고 있다. 이 어린 영혼이 지금의 인격을 최대한 발전시킬 수 있는 안전한 양육 공간을 제공하는 게 부모의 의무다.

이 행성에 온 모든 아이가 치유자라는 사실을 깨달을 수만 있다면, 그리고 잘 격려해주기만 한다면, 아이들은 인류 발전을 위한 놀라운 일을 할 수 있을 것이다. 우리 조부모 세대부터 물려 내려온 틀에 억지로 아이를 끼워 넣으려고 한다면, 아이에게 해를 입히고 사회에도 해를 입힐 뿐이다.

사랑으로
이 상황을 축복합니다

Feb.
11

어떤 상황이 됐든, 상황을 변화시키기 위한 가장 강력한 도구는 사랑으로 축복하는 힘이다. 어디에서 일하든, 그 장소에 대해 어떻게 느끼든, 사랑으로 축복하라. 진심으로 말이다. 애매한 방식으로 긍정적인 생각을 하라는 게 아니다. "애정을 담아 이 일을 축복한다"고 말하라는 것이다. 이 말을 크게 소리 내어 할 수 있는 곳을 찾아보자. 사랑에 목소리를 실으면 아주 큰 힘이 생긴다. 그리고 거기서 멈추면 안 된다. 장비, 가구, 기계, 제품, 고객, 함께 일하는 사람들, 그리고 자기 직업과 관련된 모든 걸 사랑으로 축복하라. 그러면 놀라운 효과가 생긴다.

내 세상에는 친절하고 사랑스러운 사람들만 받아들이겠습니다

관계가 끝나는 건 누구에게나 감당하기 힘든 일이다. 우리는 종종 우리가 느끼는 사랑의 원천이 상대방에게 있다고 착각해서 자신의 힘을 상대방에게 넘겨주곤 한다. 그래서 그 사람이 떠나면 망연자실해진다. 하지만 사랑은 우리 안에 있다. 우리는 감정을 선택하는 힘을 가지고 있다. 어떤 사람이나 장소나 사물이 우리를 지배하는 게 아니라는 걸 기억하라. 사랑으로 상대방을 축복하면서 놓아줘야 한다.

어떤 사람은 사랑에 굶주린 나머지 누군가와 함께 있기 위해 좋지 못한 관계를 견딜지 모른다. 하지만 우리는 자기애를 발전시켜야 하므로, 우리에게 최선의 이익이 돌아가기를 바라는 사람들만 곁에 둬야 한다. 내 세상에는 친절하고 사랑스러운 사람들만 받아들이겠다고 스스로에게 긍정 확언한다.

인생은 나를
무조건적으로 사랑합니다

인생은 널 사랑해라는 긍정 확언은 단 세 단어로 이루어져 있다. 다른 말은 아무것도 없다. '인생이 널 사랑하는 건 … 때문이다'가 아니다. 예를 들어, 내가 좋은 사람이라서라거나, 열심히 일하기 때문에, 이제 막 봉급이 인상되었기 때문에, 혹은 내가 속한 축구 팀이 이겼기 때문이 아니다. 마찬가지로, '…한다면 인생이 널 사랑할 것이다'도 아니다. 내가 체중을 5킬로그램 줄이거나, 이 암이 낫거나, 여자 친구를 사귄다면 같은 조건이 붙지 않는다. 인생은 널 사랑해는 무조건적인 사랑을 뜻한다.

　자기가 사랑스럽다고 느끼면 세상도 당신을 사랑할 것이다. 세상은 거울이다. 자신에게 널 사랑해라고 말하는 것과 인생은 널 사랑해라는 말하는 것 사이에는 실질적인 차이가 없다. 다 똑같은 사랑이다. 인생이 당신을 사랑하게 하면 스스로가 사랑스럽다고 느껴지고, 스스로가 사랑스럽다고 느껴지면 인생이 당신을 사랑하게 된다. 이제 당신은 진정한 자신이 될 준비가 되었다.

내 인생의 모든 사랑에
매우 감사합니다

다음 긍정 확언이 의식을 가득 채우게 되면, 그것은 곧 현실이 될 것이다. 즐겁게 자주 연습하자.

- 가끔 내가 사랑하는 사람들에게 어떻게 하면 그들을 더 사랑할 수 있는지 물어본다.
- 애정이 담긴 눈길로 주변을 똑똑히 바라보려고 한다. 나는 내가 바라보는 것들이 좋다.
- 내 삶에 사랑과 낭만을 끌어들이고, 이제 그걸 받아들인다.
- 사랑은 구석구석 어디에나 존재하며, 기쁨이 내 세계를 가득 채운다.
- 매일 마주치는 사랑에 기쁨을 느낀다.
- 거울을 보면서 "널 사랑해. 정말, 정말 사랑해."라고 말하는 것이 편하다.
- 나는 사랑, 로맨스, 즐거움, 그리고 삶이 제공하는 모든 좋은 것들을 받을 자격이 있다.
- 나는 사랑에 둘러싸여 있다. 모든 것이 순조롭다.
- 나는 아름답고, 모든 사람이 나를 사랑한다.
- 내가 가는 곳마다 날 사랑으로 반겨준다.
- 나는 건전한 관계만 끌어들인다. 나는 항상 좋은 대접을 받는다.
- 내 인생의 모든 사랑에 매우 감사한다. 어디서든 사랑을 발견할 수 있다.

나 자신과 내 성적 취향을
사랑합니다

사람들은 종종 섹스를 사랑과 동일시하거나 섹스를 하기 위해 사랑에 빠지려고 한다. 결혼하지 않은 상태에서의 섹스는 죄악이라고 믿거나, 섹스는 생식을 위한 것이지 즐거움을 위한 것이 아니라고 여기면서 자란 이들도 많다. 그에 반해 어떤 사람은 이런 개념에 반기를 들고 섹스는 사랑과 무관하다고 생각한다.

섹스에 대한 우리의 믿음은 대부분 어린 시절 가정환경이나 신과 종교에 대한 생각과 관련이 있다. 어떤 이들은 내가 '엄마의 하느님'이라고 부르는 생각을 품고 자랐는데, 이때의 하느님은 수염을 기른 노인의 이미지다. 이 노인은 구름 위에 앉아 사람들의 성기를 노려보면서 죄를 짓는 사람을 잡으려고 기다린다.

이 세상의 광대함에 대해 잠시 생각해보라. 이 얼마나 완벽한가! 그걸 만든 지성의 수준을 생각해보라. 이런 신성한 지성이 내 성기를 관찰하며 함부로 비판하는 노인과 비슷한 존재일 거라고는 믿기 힘들다.

우리는 아기일 때 자기 몸이 얼마나 완벽한지 알고 있었고, 자신의 성적 취향을 사랑했다. 아기들은 결코 자신을 부끄러워하지 않는다. 자신의 가치를 찾기 위해 엉덩이 사이즈를 재는 아기는 없다.

두려움 대신
사랑을 택하겠습니다

나는 어떤 상황에서든 사랑과 두려움 중 하나를 선택할 수 있다고 믿는다. 우리는 변화에 대한 두려움, 변하지 않는 것에 대한 두려움, 미래에 대한 두려움, 기회를 잡아야 한다는 두려움을 느낀다. 우리는 친밀감을 두려워하고, 또 혼자 있는 것도 두려워한다. 내게 필요한 것과 내가 누구인지 알리는 걸 두려워하고, 과거를 놓아주는 것도 두려워한다.

그 스펙트럼의 반대쪽 끝에는 사랑이 있다. 사랑은 우리 모두가 찾는 기적이다. 자신을 사랑하면 우리 삶에 기적이 일어난다. 허영심이나 오만함을 말하는 게 아니다. 그건 사랑이 아니라 두려움이다. 자기 자신을 존중하고 내 몸과 마음이 일으킨 기적에 감사해야 한다.

자유로워지기 위해,
모든 이들을 기꺼이 용서합니다

어떤 영성의 길을 따르든 용서는 항상 힘든 문제이다. 특히 병을 앓을 때는 더 그렇다. 하지만 아플 때는 주위를 둘러보면서 자기가 용서해야 하는 사람이 누구인지 살펴볼 필요가 있다. 평소라면 절대 용서하지 않을 거라고 생각하는 바로 그 사람이 가장 용서해야 할 사람이다. 우리가 용서를 하건 하지 않건, 그 사람에게는 그 어떤 영향도 끼치지 않는다. 반면 우리는 크나큰 피해를 입는다. 뒷감당은 그들 몫이 아니라 우리 몫이다.

당신이 느끼는 원한과 상처는 다른 사람이 아닌 자신을 용서하는 것과 관련이 있다. 모든 사람을 용서할 용의가 있다고 긍정 확언하라. 나는 기꺼이 과거로부터 자유로워질 것이다. 나를 해칠지 모르는 모든 사람을 기꺼이 용서하고, 남을 해친 나 자신도 용서한다. 인생의 어느 시점에서 당신에게 어떤 식으로든 해를 입혔던 사람이 떠오른다면, 그 사람을 사랑으로 축복하고 놓아준 다음 그 생각을 잊어버려라.

분노를 날려 보내고
나를 자유롭게 합니다

분노를 억지로 삼키지 말고 몸속에서 가라앉혀라. 화가 났을 때는 몸의 긴장을 풀어야 한다. 이런 감정을 긍정적으로 발산할 방법이 몇 가지 있다. 차 안에서 창문을 꼭 닫은 채 소리를 질러보자. 침대를 내리치거나 베개를 걷어차도 된다. 시끄러운 음악을 틀어놓고 그동안 하고 싶었던 말을 다 할 수도 있다. 베개에 입을 대고 소리를 지르는 것도 방법이다. 트랙을 몇 바퀴 뛰거나 테니스 같은 경기를 하면서 에너지를 발산할 수도 있다. 화가 났든 아니든 일주일에 한 번은 침대를 두들기거나 베개를 걷어차면서, 몸 안에 가둬둔 육체적 긴장을 풀어주도록 한다.

내게 필요한 치유를
받아들이겠습니다

과거에 우리가 이해하지 못했던, 힐링으로 향하는 새로운 문을 열어보자. 우리는 내면에 있는 놀라운 능력을 배우는 중이다. 또 가장 이로운 정답을 향해 우리를 이끌어주는, 내면의 여러 부분과 접촉하는 방법도 배우고 있다.

이 새로운 문이 활짝 열리고, 그 문을 통해 만나게 되는 여러 가지 다른 형태의 치유를 상상해보자. 이때의 치유 방식은 사람마다 각기 다르다. 어떤 사람은 몸의 치유가 필요하고, 어떤 사람은 마음의 치유가 필요하며, 어떤 사람은 정신적인 치유가 필요하다. 그래서 각자에게 필요한 치유에 개방적이고 수용적일 필요가 있다. 우리는 개인적인 성장을 위해 문을 활짝 열어젖히고, 자기가 안전하다는 걸 아는 상태에서 이 문을 통해 이동할 것이다.

변화를 만들기가
점점 더 쉬워집니다

Feb.
20

당신은 당신의 마음보다 훨씬 거대한 존재다. 자신의 마음을 잘
다스리고 있다고 생각할지 모르지만, 그것은 단지 그렇게 생각하
도록 마음을 훈련시켰기 때문이다. 그러므로 지금까지의 훈련을
취소하고 다시 훈련시킬 수도 있다.

　당신의 마음은 원하는 모든 방법으로 사용할 수 있는 도구다.
지금 마음을 사용하는 방식은 그냥 습관일 뿐이고, 습관은 전부
우리가 마음만 먹으면 바꿀 수 있다. 그게 가능하다는 걸 알기만
하면 된다.

　잠시 마음의 수다를 잠재우고, 이 개념을 진지하게 생각해보
자. 내 마음은 내가 원하는 모든 방법으로 이용할 수 있는 도구다.

　당신이 '선택'한 생각이 당신의 경험을 만든다. 습관이나 생각
을 바꾸는 게 힘들고 어렵다고 믿는다면, 그 생각이 당신에게는
진실이 된다. 만약 변화를 이루기가 갈수록 쉬워진다고 생각한다
면, 그렇게 생각한 덕분에 그게 현실이 될 것이다.

내 삶을 위한
멋지고 새로운 믿음을 창조합니다

거울이 당신의 모습을 반영하는 것처럼, 경험은 당신의 내적 신념을 반영한다. 불편한 일이 생겼을 때, 자기 내면을 들여다보면서 물어보자. 나는 이 경험에 얼마나 기여하고 있는가? 마음 한구석에 이렇게 될 만했다고 생각하는 내가 있지는 않은가? 어떻게 하면 이 믿음을 바꿀 수 있을까?

1. 거울 앞에 선다. 숨을 깊이 들이마셨다가 내쉬면서 모든 긴장이 몸에서 떠나도록 한다.
2. 이마를 쳐다보면서 모든 낡은 신념과 부정적인 생각이 머릿속에서 재생된다고 상상해보자. 손을 뻗어 머리에서 이 말을 꺼내 멀리 내동댕이친다고 상상한다.
3. 이제 자기 눈을 깊숙이 들여다보면서 자신에게 말한다. 이제부턴 긍정적인 믿음과 확언을 새롭게 기록할 거야.
4. 이 긍정 확언을 큰 소리로 말한다. 나는 기꺼이 놓아줄 거야. 모든 긴장을, 두려움을, 분노를 떠나보낼 거야. 모든 죄의식과 슬픔을 떠나보낼 거야. 낡은 한계와 신념을 버리고, 나 자신을 편안하게 받아들이겠어. 나는 내 삶의 과정에 만족해. 나는 언제나 안전할 거야.
5. 이 긍정 확언을 두세 번 반복한다.
6. 하루 일과 중에 힘든 생각이 떠오를 때마다 반복한다.

나 자신을 사랑하고
즐길 것입니다

불안감이나 공포심 때문에 제 능력을 다 발휘하지 못하는 상태가 되었다면, 그건 내면의 아이를 저버렸기 때문일지도 모른다. 내면의 아이와 다시 돈독해질 방법을 생각해보라. 당신이 즐거움을 느끼기 위해 할 수 있는 일은 어떤 게 있는가? 오직 자기만을 위해 할 수 있는 일은 무엇인가?

　내면의 아이와 재미있게 노는 방법을 열다섯 가지 정도 적어보자. 재미있는 책을 읽거나, 영화를 보거나, 정원을 가꾸거나, 일기를 쓰거나, 뜨거운 목욕을 좋아할 수도 있다. '어린아이 같은' 활동은 어떨까? 해변을 달리거나, 놀이터에 가서 그네를 타거나, 크레용으로 그림을 그리거나, 나무에 올라갈 수도 있다. 목록을 만든 뒤에는 매일 적어도 한 가지 이상의 활동을 시도해본다. 치유를 시작하는 것이다.

　이 과정에서 정말 놀라운 것들을 발견하게 될 것이다. 자신과 내면의 아이를 위해 계속 그런 즐거운 시간을 가져야 한다. 그러면서 두 사람의 관계가 치유되는 걸 느껴보도록 한다.

내 우정과 사랑을
축복합니다

우정은 인생에서 가장 지속적이고 중요한 관계가 될 수 있다. 연인이나 배우자 없이도 살 수 있고, 직계 가족 없이도 살 수 있다. 하지만 대부분이 친구 없이는 행복하게 살 수 없다. 나는 우리가 태어나기 전에 부모님을 스스로 선택한 거라 믿지만, 친구는 더 의식적인 수준에서 이뤄지는 선택이다.

친구는 핵가족의 연장선 혹은 대리자가 될 수 있다. 우리는 자신의 인생 경험을 다른 사람들과 공유할 필요가 있다. 우정을 쌓을 때 남에 대해 더 많이 배울 수 있을 뿐만 아니라, 우리 자신에 대해서도 더 많이 배울 수 있다. 이런 관계는 우리의 자존심과 존경심을 보여주는 거울이다. 친구란 존재는, 우리 자신과 우리가 성장해야 하는 영역을 볼 수 있는 완벽한 기회를 제공한다.

친구 사이의 유대감에 문제가 생기면 어린 시절의 부정적인 메시지가 다시 떠오를 수 있다. 그러면 정신적인 청소가 필요한 때일지도 모른다. 평생 부정적인 메시지를 내뿜다가 정신을 청소한다는 건, 정크 푸드를 먹으며 살다가 몸에 좋은 영양 프로그램을 시작하는 것과 약간 비슷하다. 식습관을 바꾸면 몸에 있던 독성 잔류물이 떨어져 나가면서 하루 이틀 정도는 기분이 더 안 좋아질 수도 있다. 하지만 당신은 할 수 있다. 할 수 있다는 걸 안다.

나는 세상의 사랑을
받는 아이입니다

우리는 모두 세상의 사랑을 받는 아이지만, 아동 학대 같은 끔찍한 일들이 여전히 벌어지고 있다. 전체 인구의 30퍼센트가 어릴 때 학대를 경험했다고 하는데, 이건 새로운 현상이 아니다. 우리는 침묵의 벽 뒤에 감추어뒀던 것들을 자각하기 시작하는 시점에 와 있다. 이 벽들이 무너지기 시작한 덕에 우리는 변화를 이룰 수 있다. 자각은 변화를 이루는 첫 번째 단계다. 정말 힘든 어린 시절을 보낸 사람들은 그 벽과 무장이 매우 두껍고 튼튼하다. 하지만 벽 뒤에 있는 우리 내면의 어린아이는 그저 주목받고 사랑받으면서 있는 그대로 받아들여지기를 바랄 뿐이다. 바뀌거나 달라지지 않아도 말이다.

과거에 무슨 일이 있었든, 이제 내면의 작은 아이가 꽃을 피우면서 자기가 깊이 사랑받고 있음을 알게 하자.

긍정 확언: 이제 어른이 되어도 안전하다.

인생이 항상 나를 지지한다는 걸 알고 있습니다

루이스를 떠올리며_글 : 로버트 홀든

나의 딸아이 '보'는 아침 시간이나 잠자기 직전에 책 읽는 걸 좋아한다. 보가 아끼는 책 가운데 두 권은 루이스 헤이가 쓴 어린이용 책이다. 하나는 아이들에게 긍정의 힘에 대해 가르치는《주문을 걸어봐!(I Think, I Am!)》고, 다른 하나는 아이들이 자신감을 느끼고 창의력을 발휘하도록 도와주는 이야기를 모은《루루의 모험(The Adventures of Lulu)》이다.

루이스는 책 속 주인공 루루가 자신이 어릴 때 되고 싶었던 모습이라고 했다. "루루는 자기가 사랑스럽고 인생이 자기를 사랑한다는 걸 알거든요."

루루와 보는 비슷한 나이다. 둘 다 금발이고 남동생이 있다. 때로는 두려움을 느끼고 때로는 다치기도 한다. 그리고 인생은 그들에게 자기 마음의 소리에 귀 기울이면서 용기를 갖고 살아가는 법을 가르쳐준다. 루루의 노래 중에는 다음과 같은 구절이 나온다.

넌 네가 되고 싶은 사람이 될 수 있어,

네가 하고 싶은 걸 할 수 있어,

넌 네가 되고 싶은 대로 될 수 있어,

모든 삶이 널 지지할 거야.

나는 무한한 사랑과 빛, 기쁨 속에 살고 있습니다

Feb.
26

이 글을 읽으면서 숨을 깊게 들이마셨다가 다시 내쉬며, 몸에 쌓여있던 모든 긴장이 빠져나가도록 하자. 두피와 이마와 얼굴을 이완시킨다. 책을 읽기 위해 머리를 긴장시킬 필요는 없다. 혀와 목과 어깨의 긴장을 풀자. 편안한 팔과 손으로도 책을 들 수 있다. 지금 당장 그렇게 해야 한다. 등, 복부, 골반을 이완시키자. 다리와 발을 편하게 하면서 호흡도 편해지도록 한다.

위의 지시를 따라 했을 때, 당신의 몸에 어떤 변화가 생겼는가? 이 상태가 얼마나 유지되는지 살펴보자. 몸으로 실천하고 있다면 마음으로도 하고 있는 것이다.

이렇게 느긋하고 편안한 자세에서 자신에게 말하자. "나는 기꺼이 놓아줄 거야. 다 풀어버리자. 모든 긴장을 풀자. 모든 두려움을 놓아주자. 모든 분노를 잊자. 모든 죄의식을 버리자. 모든 슬픔을 떨쳐버리자. 모든 한계를 벗어던지자. 모든 걸 놓아버리고 평화롭게 지내는 거야. 나 자신과 사이좋게 지내고, 삶의 과정에 만족하자. 나는 안전해."

낡고 부정적인 패턴을
맘 편히 놓아주려 합니다

어릴 때 어떤 사랑을 경험했는가? 부모님이 서로 사랑과 애정을 표현하는 모습을 보았는가? 포옹을 많이 받고 자랐는가? 아니면 가족끼리 싸우거나 소리를 지르거나 울거나 문을 쾅쾅 닫았는가? 속임수, 통제, 침묵, 복수 등이 다반사였는가?

어릴 때 부정적인 경험을 했다면, 성인이 된 뒤에도 비슷한 경험을 할 수 있다. 어쩌면 당신은 그런 부정적인 생각을 강화시키는 사람을 기어코 찾아내 관계를 맺을지도 모른다. 어릴 때 사랑을 원했는데 고통만 겪었다면, 어른이 된 뒤에도 사랑 대신 고통을 겪을지 모른다. 만약 그렇다면, 그 이유는 당신이 낡아빠진 가족의 패턴을 놓아버리지 못했기 때문이다.

난 내 아이들을 사랑하고
아이들도 나를 사랑합니다

자녀를 위한 긍정 확언

나는 아이들과 허물없이 소통한다.

내 아이들은 신의 보호를 받는다.

나는 사랑스럽고 화목하며 즐겁고 건강한 가정을 꾸리고 있다.

내 아이들은 어딜 가든 안전하다.

나와 자식들과의 관계는

사랑스럽고 평화롭다.

내 아이들은 튼튼하게 자랄 것이고, 자기 자신을 사랑할 것이다.

나는 내 아이들의 독특한 성격을 받아들이고 소중히 여긴다.

내 아이들이 자유롭게 표현하도록 허락한다.

나는 내 아이들을 사랑하고, 그들은 나를 사랑한다.

우리는 모두 애정 어린 가족의 일부분이다.

내 집은
아주 살기 좋은 곳입니다

당신의 집을 빙 둘러보자. 당신이 정말 살고 싶은 그런 장소인가? 지내기 편안하고 즐거운가, 아니면 비좁고 더럽고 항상 어질러져 있는가? 집이 마음에 들지 않으면 결코 즐거울 수가 없다. 집은 당신의 모습을 반영한다. 지금 어떤 상태인가?

이제 옷장과 냉장고를 깨끗이 치우자. 일정 기간 이상 입지 않은 옷장의 물건은 모두 팔거나 남에게 주거나 버린다. 불필요한 걸 없애서 새로운 것들을 들일 공간을 만들어야 한다. 물건을 버리면서 "내 마음의 옷장을 청소하고 있어."라고 말해보자. 냉장고도 똑같이 정리해야 한다. 오랫동안 쌓여있던 음식과 찌꺼기를 모두 치우자.

옷장과 냉장고가 지저분한 사람은 마음도 어수선하다. 당신의 집을 살기 좋은 곳으로 만들어야 한다.

인생은 항상 내게
최고의 것을 주려고 합니다

내가 존재하는 무한한 삶 속에서는
모든 것이 완벽하고 온전하게 갖춰져 있다.
나는 항상 신의 가호와 인도를 받는다.
내 내면을 들여다보는 건 안전한 일이다.
과거를 들여다봐도 안전하다.
내 삶의 관점을 넓히는 것도 안전하다.
나는 과거, 현재, 미래의 내 성격보다
훨씬 대단한 사람이다.
나는 이제 성격 문제를 극복하기로 했다.
내 존재의 위대함을 인정하기 위해
기꺼이 나 자신을 사랑하는 법을 배울 것이다.
내 세상에서는 만사가 순조롭다.

나는 사랑을 배우기 위해 이 세상에 왔습니다

Mar. 2

우리는 개별적이면서도 세계적인, 거대한 변화의 한가운데에 있다. 나는 이 시기를 살아가는 우리 모두가 여기 존재하는 이유는, 이 변화의 일부가 되고, 직접 변화를 일으키며, 구태의연한 세상의 생활방식을 사랑스럽고 평화롭게 변화시키기 위해서라고 생각한다.

물고기자리 시대(점성학에서 예수의 탄생 시대를 가리키는 말-역주)에는 구세주를 '바깥'에서 찾았다. "살려줘요. 구해줘요. 나를 잘 돌봐줘요." 이제 물병자리 시대의 우리는 자기 내면으로 들어가서 구세주를 찾는 방법을 배우는 중이다. 우리는 자기가 지금까지 추구해온 힘 그 자체다. 우리는 자신의 삶을 책임지고 있다.

오늘 자신을 사랑하려고 하지 않는다면, 내일도 마찬가지일 것이다. 오늘 어떤 변명을 늘어놓든 간에, 내일은 반드시 찾아온다. 이런 식이라면, 20년 후에도 똑같은 변명을 하게 될지 모르고, 심지어 세상을 떠나는 날에도 똑같은 변명을 되뇔 수 있다. 그러므로 오늘을, 아무런 기대 없이 자신을 온전히 사랑할 수 있는 날로 만들어라.

모든 게 순조롭고
잘 풀리고 있습니다

우리는 어떤 상황에서든 인생에 도움을 청할 수 있다. 인생은 우리를 사랑하고, 우리가 부탁하면 항상 옆에 있어준다. 거울을 보면서 인생에게 "뭐가 필요하니?"라고 물어보라. 어떤 대답이나 느낌, 혹은 다른 무엇이 떠오를 수도 있으니 잘 주의해서 살펴야 한다. 만약 그 순간 아무것도 떠오르지 않더라도, 나중에 대답할 수 있도록 마음을 열어둔다. 그리고 다음과 같이 긍정 확언한다.

인생은 나를 사랑한다.
나는 일이 멋지게 잘 풀릴 거라고 믿는다.
나를 아낌없이 지지하고 보살펴주는
인생을 기쁜 마음으로 지켜본다.
항상 좋은 일만 기다리고 있다는 걸 안다.
모든 게 순조롭고, 모든 일이 잘 풀려서
내게 최선의 이익을 안겨줄 것이다.
이 상황에서는 좋은 일만 생길 것이다.
나는 안전하다.

나는
축복받았습니다

루이스를 떠올리며_글 : 로버트 홀든

루이스는 감사로 하루를 시작한다. "감사는 하루를 시작하는 좋은 방법"이라고 그녀는 말한다. 그렇다고 아침에 딱 10분 동안만 감사 의식을 치른 뒤, 나머지 시간은 딴 일을 하느라 등한시하는 건 아니다. 그녀는 일상 속에서도 늘 감사하는 마음을 잊지 않는다. 주변 어디에나 감사의 마음을 상기시켜주는 것들을 놓아둔다. 그녀의 집 부엌 벽에 걸려있는 거울 밑에는 금빛 문자로 된 팻말이 있다. 오늘, 무엇에 감사하고 있는가? 그렇게 루이스는 놀라운 집중력을 발휘해 감사를 실천하고, 모든 사람과 사물에 감사하는 마음을 기쁘게 표현한다. 그런 어느 날의 대화다.

"루이스, 당신을 계속 지켜봤어요! 그러다 보니 당신이 인생과 끊임없이 대화를 나누는 게 보이더군요. 당신은 침대에게 말을 걸어요. 거울에도 말을 걸고, 찻잔을 향해서도 말을 하고, 아침 밥그릇에도 말을 걸더군요. 컴퓨터와 대화를 하고, 자동차에도 말을 걸어요. 옷에도 말을 하고, 온갖 것들과 대화를 나누더라고요."

"네, 맞아요."

"그리고 당신이 하는 말은 대부분 '고마워'더군요."

"차는 잘 움직이고, 컴퓨터는 나를 친구들과 연결해주고, 내 옷은 입기에 아주 좋아서 고맙거든요."

이제 모든 자기비판을
내려놓겠습니다

사람들 대부분은 판단과 비판의 습관이 너무 강해서 그걸 쉽게 바꾸지 못한다. 이건 당장 해결해야 하는 가장 중요한 문제다. 삶을 엉뚱한 방향으로 유도하는 욕구를 넘어서기 전에는 결코 자신을 진정으로 사랑할 수 없기 때문이다.

어린 아기였을 때, 우리는 삶에 매우 개방적이었다. 세상을 경이로운 눈으로 바라보았다. 뭔가가 무섭거나 누군가가 해를 끼치지 않는 이상, 우리는 삶을 있는 그대로 받아들였다. 그러다 자라면서 타인의 의견을 받아들여 자신의 의견을 만들기 시작했다. 비판하는 법을 배운 것이다. 아마 당신은 성장하고 변화하려면 자신을 비판할 필요가 있다고 믿게 되었을지 모른다. 하지만 나는 그 생각에 전혀 동의하지 않는다.

비판이란 "나는 부족하다"는 믿음을 강요하는 일이며, 이는 우리의 영혼을 움츠리게 만든다. 그건 결코 좋은 결과를 가져오지 못한다.

나는 지금 이대로
완벽합니다

Mar.
6

당신은 너무 많지도 부족하지도 않다. 자기가 누구인지 다른 사람에게 증명할 필요도 없다. 당신은 삶의 온전함을 완벽하게 표현하고 있다. 무한한 삶 속에서 당신은 많은 정체성을 지녔고, 각각의 정체성은 그 특정한 생애를 완벽하게 표현했다. 그러니 이 삶에서 얻은 자신의 모습에 만족하자. 다른 사람처럼 되고 싶어 할 필요가 없다. 그건 당신이 이번 생에서 선택한 모습이 아니니까. 다음번에는 또 달라질 것이다. 지금 바로 여기에서는 현재 모습 그대로 완벽하다. 그 모습 그대로 충분하다. 우리는 생명 그 자체와 하나다.

더 나아지려고 고군분투할 필요 없다. 어제보다 오늘 자신을 더 사랑하고, 자신을 진심으로 사랑받는 사람처럼 대하기만 하면 된다. 사랑은 인간의 위대함을 충족시키는 데 필요한 자양분이다. 자신을 더 사랑하는 법을 배우면 모든 사람을 사랑하는 법까지 배우게 된다.

우리는 함께 힘을 모아 아름다운 세상에 필요한 애정 어린 영양분을 공급할 수 있다. 우리 모두 치유되고, 이 행성도 치유된다. 큰 기쁨을 느끼면서 우리의 완벽함과 삶의 완벽함을 인정하자. 앞으로도 계속 그러면 된다.

나는 세상을
사랑합니다

이제 제한된 사고방식에서 벗어나 좀 더 범우주적인 인생관을 발전시켜야 한다. 지구에 사는 인류 공동체는 전에 없던 규모로 서로 연결되고 있다. 새로운 차원의 영성이 우리를 연결시키고 있다. 영적인 차원에서, 모든 이들이 하나라는 사실을 깨닫고 있다. 우리가 이 시기에 인간의 모습으로 살아가기로 한 건 다 이유가 있다. 이 행성을 치유하는 과정에 참여하기로 의식 깊숙한 곳에서 결정한 것이다.

당신이 어떤 생각을 할 때마다 그 생각이 자신에게서 뻗어 나가 당신과 같은 생각을 하는 이들과 연결된다는 걸 기억하라. 고루한 판단, 편견, 죄책감, 두려움에 갇혀있으면 새로운 의식 차원으로 나아갈 수 없다. 각자 자신과 타인에 대한 무조건적인 사랑을 실천해야만 지구 전체가 치유될 것이다.

내 인생에서 만난
모든 여성들을 사랑하고 지지합니다

국제 여성의 날을 기념해, 여성으로서 자신에게 힘을 실어주는 긍정 확언을 골라보자(아니면 자신이나 주변의 소중한 여성들에게 선물이 될 아래의 긍정 확언을 시도해보자).

난 여자인 것이 좋다.
내 안에 있는 웅장한 존재가 보인다.
나는 나를 사랑하고 감사한다.
난 무한한 사랑과 존경을 받을 가치가 있는
강인한 여자다.
나는 현명하고 아름답다.
나는 가능한 모든 것이 될 수 있다.
나는 누구의 지배도 받지 않는다. 나는 자유롭다.
나는 나를 사랑하고 즐기기로 했다.
나는 내 인생의 여자들을 사랑하고 지지하며 즐긴다.
나는 안전하고, 내 세상에서는 모든 것이 순조롭다.

상상력은 나에게 주어진
최고의 선물입니다

세상의 창조성은 하루 종일 나를 통해 흐르는데, 거기에 참여하려면 내가 그 일부라는 걸 깨달아야 한다. 그림이나 소설, 영화, 새로 만든 와인, 새 사업 등의 형태로 발현된 창의성은 쉽게 알아볼 수 있다. 하지만 나 역시 내 삶의 모든 순간을 창조하고 있다는 게 중요하다. 가장 흔하고 평범한 몸속 세포에서부터, 내 감정적 반응, 부모님과 그들의 오래된 패턴, 현재의 직업, 은행 계좌, 친구들과의 관계, 그리고 내 자신에 대한 태도에 이르기까지 말이다.

　나에게 주어진 가장 강력한 선물 중 하나는 상상력이다. 나와 내 주변의 모든 이들에게 좋은 일이 일어나도록 만드는 데 이 상상력을 사용할 수 있다. 나의 더 고귀한 자아와 함께 내 삶을 창조하기에, 나는 평화롭다.

길에 있는 모든 이들에게
사랑을 보냅니다

하루를 남다르게 시작하는 또 다른 방법으로 운전을 이용할 수 있다. 우선 자기 차와 친구가 되어야 한다. 차에게 다정하게 말을 걸자. 나는 종종 "안녕, 자기, 잘 있었어? 만나서 너무 반가워. 사무실까지 멋지게 달려보자."라고 말하곤 한다.

심지어 차에 이름을 붙일 수도 있는데, 난 그렇게 했다. 그리고 집에서 출발할 때 나는 좋은 운전자들에게 둘러싸여 있다고 확언한다. 그리고 주위의 모든 자동차들에게 사랑을 보낸다. 도로 곳곳에 사랑이 존재한다는 걸 느끼고 싶다. 운전할 때 다음과 같은 긍정 확언을 이용해도 좋다.

나는 순조롭게 달려서 예상보다 빨리 목적지에 도착할 것이다.
나는 차 안에서 편안함을 느낀다.
사무실[또는 학교, 가게 등]까지
멋지게 운전할 수 있다는 걸 안다.
사랑으로 내 차를 축복한다.
길에 있는 모든 이들에게 사랑을 보낸다.

내적 자아의 지혜를
믿습니다

우리 내면에는 세상의 무한한 지혜와 완전히 연결된 부분이 있다. 우리가 던지는 모든 질문에 대한 답이 여기에 있다. 그러니 자기 내면을 신뢰하는 법을 배워야 한다. 이런 긍정 확언을 해보자.

나는 매일 일상적인 일을 처리하면서
내면의 지침에 귀를 기울인다.
내 직관은 항상 내 편이다.
나는 언제든 직관을 활용할 수 있다고 믿는다.
그러므로 나는 안전하다.

모든 원한을 풀고
나를 자유롭게 합니다

끊임없이 차오르는 분노를 해소하는 방법으로 '에멧 폭스(Emmet Fox) 훈련'을 추천한다. 일단 조용히 앉아 눈을 감고 몸과 마음의 긴장을 풀어야 한다. 그런 다음 자기가 어두컴컴한 극장에 앉아 있다고 상상해보자. 앞에는 작은 무대가 있다. 그 무대 위에 자기가 가장 원망하는 사람을 올린다. 과거에 알던 사람이든 요즘 만나는 사람이든 살아있는 사람이든 죽은 사람이든 상관없다. 그 사람을 똑똑히 바라보면서 그에게 좋은 일이나 의미 있는 일이 일어나는 모습을 머릿속으로 그려보자. 그가 웃으면서 기뻐하는 모습을 상상하는 것이다.

이 이미지를 몇 분간 계속 떠올린 다음 사라지게 한다. 나는 여기에 한 가지 단계를 더 추가하고 싶다. 그 사람이 무대에서 내려가면 이번에는 당신이 무대 위로 올라가는 것이다. 그리고 자신에게 좋은 일이 일어나는 모습을 상상하자. 웃으면서 행복해하는 자기 모습을 바라보자. 세상의 풍요는 우리 모두에게 허락된다는 걸 명심해야 한다.

여유롭게 과거를 놓아주고 모두를 용서합니다

치유는 과거로부터의 해방이다. 모든 이들의 과거에는 어느 정도의 재난과 고통이 포함되어 있다. 그런 과거에서 살아남는 방법은 단 하나, 용서를 실천하는 것뿐이다. 용서 없이는 자신의 역사를 계속 써내려갈 수가 없다.

언제나 벽에 부딪힌 듯한 기분이 들 것이다. 당신이 움직이지 못하니, 삶도 앞으로 나아가지 못한다. 당신이 여기 없으니 현재의 시간 속에서 위로받지 못한다. 과거만 바라보고 있으니 미래도 다 똑같아 보인다. 사실 과거는 이미 끝났지만, 당신의 머릿속에서는 끝나지 않았다. 그래서 계속 고통스러운 것이다.

용서할 때까지는 계속 과거에 자신의 미래를 내주게 될 것이다. 하지만 용서는 자신의 진정한 본모습이 과거에 일어났던 일과 아무 상관도 없다는 걸 가르쳐준다. 경험은 자신의 정체성이 아니다. 많은 영향을 줄 수는 있지만 당신을 정의하지는 않는다. 당신이 다른 사람에게 한 행동이나 그들이 당신에게 한 행동이 이야기의 결말은 아니다. "나는 과거와는 다른 사람이다", "나는 기꺼이 내 과거를 용서한다"고 말할 수 있을 때 비로소 새로운 미래를 열어갈 수 있다. 용서와 함께 새로운 장이 시작된다.

애정을 갖고
나만의 현실을 창조합니다

감정적인 문제는 가장 고통스러운 일 가운데 하나다. 때때로 화도 나고, 슬프거나 외롭기도 하고, 죄책감과 불안감, 두려움을 느낄 수도 있다. 이런 감정이 우리를 장악하고 지배력을 발휘하면 우리 삶은 감정 싸움터가 될 수밖에 없다.

　다른 사람이 우리에게 어떤 행동을 했는지 혹은 과거에 우리가 뭘 배웠는지는 더 이상 중요하지 않다. 지금은 우리가 모든 걸 책임지고 있다. 따라서 지금이야말로 우리 스스로 미래를 창조할 수 있는 때다. 우리는 분명히 할 수 있다.

정서적 건강을 위한 긍정 확언

나는 지금 무한한 사랑과 빛, 기쁨 속에서 살고 있다.

내 세상에서는 만사가 순조롭다.

나는 내 힘을 발휘해서 나만의 현실을 성실하게 만들어간다.

이해 수준도 꾸준히 높아지고 있다.

나는 긍정적인 변화의 과정을 거치고 있다.

나는 나를 사랑하고 인정한다.

인생과 내가 안전하다는 사실을 믿는다.

나는 나의 독특함을 인정한다.

내면 깊숙한 곳을 들여다봐도 안전하다.

인생은 나를 지지해준다.

오늘은 모든 비판과 부정적인 자기 대화를 제쳐두자. 낡은 사고방식, 즉 자신을 질책하고 변화에 반대하는 사고방식을 버려야 한다. 자신에 대한 다른 사람들의 의견도 날려 보내자.

1. 거울 앞에 선다.
2. 자기 눈을 바라본다.
3. 나는 나를 사랑하고 인정해, 라고 확언한다.
4. 계속 반복해서 말한다. 나는 나를 사랑하고 인정해.
5. 이 긍정 확언을 하루에 최소 백 번 이상 반복한다. 그렇다, 백 번이다. 나는 나를 사랑하고 인정해가 자신의 만트라가 되게 하자.
6. 거울 앞을 지나가거나 어딘가에 비친 자기 모습을 볼 때마다 이 긍정 확언을 되풀이한다.

지금까지 수천, 수만 명에게 이 훈련법을 가르쳤다. 이 훈련을 계속한 사람들은 정말 경이로운 결과를 얻었다. 미러 워크는 이론만 안다고 해서 끝나는 게 아니라 꾸준히 실행해야 효과를 발휘한다는 사실을 기억하라. 꾸준히 하다 보면 정말 달라질 것이다.

건강을 내 존재의 자연스러운 상태로 받아들입니다

내가 존재하는 무한한 삶 속에서는
모든 것이 완벽하고 온전하게 갖춰져 있다.
나는 건강을 내 존재의 자연스러운 상태로 받아들인다.
그리고 어떤 식으로든 불쾌하게 표현될 수 있는
모든 정신적 패턴을 의식적으로 놓아줄 것이다.
나는 나를 사랑하고 인정한다.
나는 내 몸을 사랑하고 인정한다.
영양가 있는 음식과 음료만 먹을 것이다.
재미있게 운동할 것이다.
내 몸이 놀랍고 훌륭한 기계라는 사실을 인정하면서
그 안에서 살아가는 걸 특권이라고 생각한다.
나는 넘치는 에너지를 사랑한다.
내 세상에서는 만사가 순조롭다.

내 마음은 아름다운 생각들로 가득한 정원입니다

당신의 마음을 정원이라고 생각해보라. 우선, 정원은 흙이 잔뜩 깔린 곳이다. 당신의 마음속에는 아마 자기혐오라는 가시덤불과 절망, 분노, 걱정이라는 바윗돌이 많을 것이다. 두려움이라는 늙은 나무에는 가지치기가 필요하다. 이런 것들을 어느 정도 치워서 흙 상태가 좋아지면, 기쁨과 번영이라는 씨앗과 작은 식물을 심는다. 태양이 그 위를 비추고, 당신은 물과 영양분을 주면서 애정 어린 관심을 기울인다.

처음에는 별다른 일이 없어 보인다. 하지만 멈추지 말고 정원을 계속 돌봐야 한다. 끈기 있게 돌보다 보면 정원의 식물들이 자라 꽃을 피울 것이다. 그건 마음도 마찬가지다. 잘 보살피고 싶은 생각을 골라 인내심을 갖고 키워내면, 그 생각이 성장해 당신이 원하는 경험의 정원을 만드는 데 도움을 줄 것이다.

내 인생은 영광스럽게
펼쳐지고 있습니다

오늘은 우리가 이 날을 경험할 수 있는 유일한 기회다. 지금 이 순간에 머물면서 매 순간을 즐겨라. 좌절감 속에서 하루하루를 헛되이 보내면 많은 기쁨을 놓치게 된다. 한 달 동안 기간을 정해 언제 어디서나 감사를 표해본다. 인생은 감사하는 사람을 좋아하기 때문에, 감사하는 이에게는 감사할 기회를 더 많이 준다.

긍정 확언: 내 인생은 영광스럽게 펼쳐지고 있다. 나는 평화롭다.

어디를 봐도 아름다운 것들만
보입니다

아름다움은 어디에나 있다. 자연의 아름다움은 작은 꽃송이나 수면에 반사된 빛 무늬, 고목의 조용한 힘을 통해서도 그 빛을 발한다. 자연은 설렘을 안겨주고 또 새로운 생기를 되찾게 해준다. 나는 인생의 가장 단순한 것들에서 휴식과 즐거움, 치유를 얻는다. 자연을 애정 어린 눈길로 바라보다 보면, 스스로를 애정 어린 눈길로 바라보는 것도 쉬워진다. 나는 자연의 일부분이다. 따라서 나도 나만의 고유한 방식으로 아름답다. 어디를 보든 아름다운 것들이 보인다. 오늘 내 안에는 인생의 아름다움이 가득하다.

나는 아름답고
독특한 영혼입니다

다른 사람의 의견을 털어버리는 것도 자아 수용 방법 가운데 하나다. 내가 당신과 함께 있으면서 계속 "당신은 보라색 돼지예요."라고 말한다면, 당신은 날 비웃거나 짜증을 내면서 내가 미쳤다고 생각할 것이다. 그 말이 사실이라고 생각할 가능성은 거의 없다. 하지만 우리가 스스로에 대해 품고 있는 생각 중 상당수가 이처럼 극단적이고 말도 안 되는 것들이다. 예를 들어 자신의 자존감이 몸매에 따라 좌우된다고 믿는 것은 당신은 보라색 돼지라는 말을 믿는 것과 마찬가지다.

흔히 자신의 '잘못된' 부분이라고 생각하는 것이 실은 개성을 표현하는 부분인 경우가 많다. 이것이 우리의 독특함이고 특별한 부분이다. 자연은 결코 같은 일을 되풀이하는 법이 없다. 이 행성의 시간이 시작된 이래, 똑같은 눈송이가 혹은 똑같은 빗방울이 떨어진 적이 없다. 모든 데이지 꽃은 다른 데이지 꽃과 다르다. 사람마다 지문이 다 다르고, 우리도 다르다. 우리는 달라야만 한다. 이 사실을 받아들일 수 있으면 경쟁도 사라지고 비교도 사라진다. 다른 사람처럼 되려고 애쓰다 보면, 영혼마저 위축된다. 우리는 자신의 본모습을 있는 그대로 표현하기 위해 여기에 왔다.

매일 모든 방법으로
감사를 표하겠습니다

루이스를 떠올리며_글 : 로버트 홀든

어느 날, 루이스가 눈을 반짝이며 말했다. "내가 밤에 잠들기 전에 마지막으로 하는 일이 뭔지 맞혀보세요."

"뭘 하는데요?" 내가 물었다.

"전 세계 수천 명의 사람들과 함께 잠자리에 들어요." 루이스는 웃으며 말했다.

"어떻게 그런 일이 가능하죠?"

"사람들이 날 자기 침대로 데려가거든요!" 그녀가 말했다.

"세상에!"

"그들이 날 다운로드해서, 함께 침대에 누워 잠들기 전까지 명상을 하는 거예요." 루이스가 설명했다.

"루이스 헤이, 당신 정말 장난꾸러기군요."

"그것 말고 또 내가 잠들기 전에 뭘 하는지 맞혀볼래요?"

"짐작도 안 가네요."

"하루를 돌아보면서 내가 한 모든 경험을 축복하고 감사해요."

"침대에 누워서요?"

"네, 대부분은요. 요전 날 밤에는 작은 거울을 꺼내 들고 –당신이 '인생은 너를 사랑해'라는 글씨를 새겨준 그 거울 말이에요– 거울을 향해 큰소리로 감사의 말을 전하기도 했답니다."

나는 모든 생명과 하나이고,
모든 생명은 나를 사랑하고 지지합니다

나는 신성한 지성과 협력하고 있다. 나는 외부 세계의 부정적인 측면에는 관심이 없다. 그런 건 나와 아무 관련도 없기 때문이다. 나는 긍정적인 결과를 기대하고 받아들인다. 나는 세상에서 가장 진실한 사람들만 끌어들이고 있다.

내가 하는 모든 일은 가장 긍정적인 방법으로 이루어진다. 나는 이 행성과 이곳에 사는 모든 이들을 돕기 위해, 주어진 기회에 항상 감사한다. 나는 내면에서 고귀한 지성과 연결되며, 언제나 관련된 모든 이들에게 최선의 이익이 돌아가는 방식으로 인도받는다.

나는 건강하고 행복하다. 모든 것이 조화를 이루며 신성한 순서에 따라 진행된다. 모든 일이 순조롭다. 나는 이것이 진실이라는 걸 안다.

내 사전에서 '해야 한다'라는 말을 삭제하겠습니다

사람들은 대개 자신의 본모습에 대한 어리석은 생각과 살아가는 방법에 대한 여러 가지 엄격한 규칙을 가지고 있다. 이젠 마음의 사전에서 '해야 한다'는 말을 영원히 지워버려라. '해야 한다'는 말은 우리를 포로로 만든다. '해야 한다'고 말할 때마다, 우리 자신이나 다른 사람이 잘못한 것처럼 되어버린다. 사실상 '만족스럽지 않다'고 말하는 셈이다.

　당신의 '해야 한다' 목록에서 삭제할 수 있는 항목은 무엇인가? '해야 한다'를 '할 수 있다'로 바꿔라. 당신에게 선택권이 있고, 그 선택이 자유라는 걸 알아야 한다. 우리가 살면서 하는 일은 모두 선택에 의해 이루어진다는 걸 알아야 한다. 이유도 모른 채 꼭 해야만 하는 일 같은 건 없다. 우리에게는 항상 선택권이 있다.

내가 알아야 할 모든 것은 완벽한
시공간적 순서에 따라 밝혀집니다

나는 나보다 훨씬 큰 힘이 존재한다는 걸 알고 있다. 이 힘은 매일 매 순간 내 몸속을 흐르며, 나는 이 힘에 마음을 열고 원할 때마다 필요한 것들을 받을 수 있다. 이건 모두에게 해당되는 얘기다. 우리는 스스로의 내면을 들여다보는 게 안전하다는 걸 배우고 있다. 우리 인생관을 확장하는 것도 안전하다. 어떤 부분에서 기대한 대로 일이 풀리지 않는다고 해서, 그게 꼭 우리가 나쁘거나 틀렸다는 얘기는 아니다. 우리가 신성한 안내에 따라 방향을 바꾸고 있다는 신호다. 이런 일이 생기면 느긋하게 쉴 수 있는 조용한 장소를 찾아 내면의 지성과 연결되자. 지혜는 무한정으로 공급되어 언제든 이용할 수 있고, 내가 알아야 할 모든 것은 완벽한 시공간적 순서에 따라 밝혀지게 될 거라고 확언하라.

항상 친절하고 애정 어린 태도로
나를 대합니다

내가 처음으로 강연을 했던 날을 지금도 생생히 기억한다. 단상에서 내려오자마자 즉시 혼잣말을 했다. "루이스, 정말 멋졌어. 이렇게 훌륭한 모습을 보인 건 처음이야. 대여섯 번만 더 하면 프로가 될 수 있을 거야."

그리고 두어 시간 뒤, 속으로 말했다. "몇몇 부분은 바꿀 수도 있을 거야. 이걸 조정하고, 저것도 좀 고쳐보자." 어떤 식으로든, 나 자신을 비난하는 건 거부하고자 했다.

만약 단상에서 내려와 "으, 너 대체 뭐한 거니. 이것도 실수하고 저것도 실수했잖아."라며 스스로 질책하기 시작했다면 두 번째 강연을 하기가 두려웠을 것이다. 하지만 결국 두 번째가 첫 번째보다 나았고, 여섯 번째쯤 되자 실제로 프로 같은 기분이 들었다.

오늘, 마음을 열고
신성한 인도를 받아들입니다

나는 끊임없이 이해력을 높이고 있다. 나는 뭐든지 잘 배우는 사람이다. 날마다 내 안에 있는 신성한 지혜에 대한 인식을 조금씩 더 늘린다. 살아있어서 기쁘고 내게 찾아온 선에 정말 감사하다. 내게 있어 인생은 곧 교육이다. 매일 마음과 가슴을 활짝 열고 새로운 통찰력, 새로운 사람, 새로운 관점, 그리고 내 주변과 내 안에서 일어나는 일들을 이해할 수 있는 새로운 방법을 발견한다. 이해하면 할수록 나의 세상은 넓어진다. 새로운 정신 능력은 여기 지구에 있는 놀라운 인생 학교에서 벌어지는 모든 변화를 더 편안하게 받아들이도록 도와준다.

나는 용서하고, 사랑하고,
상냥하며, 친절합니다

용서는, 내가 그토록 달라지기를 원했던 과거가 이젠 다 끝난 일임을 가르쳐준다. 나는 용서를 통해 과거에서 배우고 치유하고 성장하면서 지금의 삶을 책임질 수 있게 되었다. 당신의 삶을 변화시키는 건 과거에 일어났던 일이 아니라, 지금 그 과거를 대하는 태도다. 현재는 당신이 가진 힘의 구심점이며, 지금 이 순간에만 새로운 걸 창조할 수 있다. 용서하는 순간 과거와의 관계가 바뀌고, 이것이 또 현재 및 미래와의 관계를 바꿀 것이다.

《기적 수업》에서는 "현재는 용서다"라고 말한다. 지금 이 순간, 우리는 과거를 놓아준다. 지금 우리는 아무것도 두려워하지 않는다. 죄의식도 없다. 지금 이 순간, 과거의 엉킨 매듭을 풀 수 있다. 지금 이 순간, 새로운 미래가 탄생한다. 용서를 통해 내가 사랑스러운 사람이라는 기본적인 진실을 기억한다. 용서를 통해 삶이 우리를 사랑할 수 있게 한다. 용서를 통해 우리는 살면서 만나는 사람들에게 다정한 존재가 될 수 있다.

내면의 비평가를 놓아주고
사랑으로 바꾸겠습니다

미러 워크 훈련을 하는 동안 당신은 내면의 목소리를 인식하게 되고, 스스로에게 어떤 말을 하고 있었는지 알 수 있게 된다. 그러면 자신을 내내 닦달할 이유가 사라지고, 동시에 다른 사람들에 대한 비판도 줄어든다는 걸 깨닫게 될 것이다.

　자신의 현재 모습을 받아들이면, 자동으로 다른 사람들의 모습도 있는 그대로 인정하게 된다. 그렇게 다른 이들을 섣불리 판단하는 걸 그만두면, 그들도 당신을 함부로 판단하려고 하지 않을 것이다. 결국 모두가 자유로워질 수 있다.

1. 마음을 놓을 수 있고 남들이 방해하지 않을 만한, 거울이 있는 조용한 장소를 찾는다.
2. 거울 속의 자기 눈을 똑바로 쳐다본다. 그렇게 하는 게 여전히 불편하다면, 입이나 코에 시선을 집중한다. 내면의 아이에게 말을 걸자. 당신의 내면에 있는 아이는 자라서 꽃을 피우고 싶어 하며, 사랑과 수용, 칭찬을 원한다.
3. 이제 다음과 같이 긍정 확언한다. 사랑해, 사랑해, 네가 최선을 다하고 있는 걸 알아. 너는 지금 모습 그대로 완벽해. 나는 너를 받아들일 거야.
4. 내면의 목소리가 비난을 멈출 때까지, 이 연습을 여러 번 되풀이해야 할지도 모른다. 괜찮다고 느낄 때까지 반복한다.

인생 역시 내게
최고만을 줄 거라 믿습니다

Mar.
29

신뢰는 우리가 두려움을 극복하고자 할 때 배우는 것이다. 그걸 믿음의 도약이라고 한다. 우리 내면의 힘에 대한 신뢰는 세상의 지성과 연결되어 있다. 우리가 숨 쉴 수 있게 해주는 힘이 세상을 창조한 것과 같은 힘이라는 사실을 기억하라. 우리는 모든 생명과 하나다. 자신을 사랑하고 인생을 신뢰할수록, 더 많은 삶이 우리를 사랑하고 지지하고 인도한다. 물리적이고 물질적인 세상만 신뢰하는 게 아니라 보이지 않는 것도 믿을 수 있다. 아무것도 하지 말고 손을 놓고 있으라는 얘기가 아니라, 믿음이 있으면 훨씬 쉽게 살아갈 수 있다는 뜻이다. 비록 주변에서 일어나는 모든 일을 물리적으로 통제하지는 못하지만, 우리가 보살핌을 받고 있다는 걸 믿어야 한다.

내면의 아이에게
애정을 담아 귀를 기울이겠습니다

내면의 아이와 처음 대화를 나눌 때 가장 먼저 할 수 있는 말 가운데 하나가 사과다. 그동안 말을 걸지 않아서 미안하다거나, 너무 오래 혼내기만 해서 미안하다고 말하는 것이다. 그동안 서로 떨어져서 보낸 시간을 전부 보상하고 싶다고 얘기하라. 어떻게 하면 행복해질 수 있는지 물어보라. 무엇을 두려워하는지 물어보라. 어떻게 도와주면 좋을지 물어보고, 당신에게 무엇을 원하는지도 물어보라.

간단한 질문부터 시작하면 답을 얻을 수 있을 것이다. 내가 어떻게 하면 널 행복하게 해줄 수 있겠니? 오늘은 뭘 하고 싶어? 예를 들어, 아이에게 "난 조깅을 하고 싶은데 넌 뭘 하고 싶니?"라고 물어볼 수 있다. 그러면 아이는 "바닷가에 가자."고 대답할 수도 있다. 그렇게 의사소통이 시작될 것이다. 꾸준히 계속해야 한다. 당신이 하루에 단 몇 분만이라도 할애해서 내면에 있는 어린아이와 연결되기 시작하면, 삶이 훨씬 나아질 것이다.

용서를 거쳐 사랑으로
나아가겠습니다

용서를 위한 긍정 확언

나는 용서를 통해 사랑으로 나아간다.

과거는 지나간 시간이며 이제 아무런 힘도 미치지 못한다.

더 이상 무력하게 사는 걸 거부하고 스스로 힘을 발휘할 것이다.

내게 과거로부터 해방되는 선물을 주고

이제 기쁜 마음으로 현재로 향한다.

세상의 크고 작은 문제들 중에 사랑으로 해결할 수 없는 건 없다.

난 치유될 준비가 되었고

기꺼이 용서할 것이며 모든 게 순조롭다.

그 낡고 부정적인 패턴이

이제 날 얽매지 못한다는 걸 알기에 맘 편히 놓아준다.

나를 용서하면 남을 용서하는 것도 쉬워진다.

완벽하지 못한 나 자신을 용서한다.

나는 내가 아는 최선의 방법으로 살고 있다.

이제 어린 시절의 트라우마를 모두 잊고

사랑을 향해 나아가도 안전하다.

내게 잘못을 저질렀다고 생각한 과거의 모든 이들을 용서한다.

내 앞에 놓인 인생의 모든 변화는 긍정적이므로

나는 안전하다.

나는 지금 여기서부터
시작할 것입니다

내가 존재하는 무한한 삶 속에서는
모든 것이 완벽하고 온전하게 갖춰져 있다.
나는 기꺼이 배우고 변화할 것이므로
과거는 나를 지배할 수 없다.
과거가 필요한 이유는
나를 지금 이곳까지 데려다줬기 때문이다.
이제 지금 여기서부터 내 정신의 집을 청소하려 한다.
어디서부터 시작해도 상관없다는 것을 아니까
가장 작고 쉬운 방부터 시작해 결과를 얻을 것이다.
이런 특별한 경험을
다시는 하지 못하리라는 걸 알기에
이 모험을 하고 있다는 사실이 설렌다.
나는 나를 자유롭게 해방시킬 것이다.
내 세상에서는 만사가 순조롭다.

오늘,
인생이 날 사랑하게 만들겠습니다

루이스를 떠올리며_글 : 로버트 홀든

나 :　"인생은 당신을 사랑한다는 정말 멋진 긍정 확언이에요.
　　　하지만 단순한 확언 이상의 역할도 하는 것 같아요."

루이스 : "맞아요. 나도 그러길 바라요. 인생은 당신을 사랑한다는
　　　우리에게 기본적인 인생 철학이 되어주죠. 이 3개의 단어
　　　는 창조의 중심, 상호간의 관계, 그리고 우리의 진정한 본
　　　성을 가리키는 표지판이에요. 인생은 당신을 사랑한다는
　　　우리가 누구이고 진정으로 축복받은 삶을 살려면 어떻게
　　　해야 하는지 알려줘요."

나 :　"인생은 당신을 사랑한다는 말이 당신에게는 어떤 의미
　　　가 있나요, 루이스?"

루이스 : "인생은 우리 모두를 사랑해요. 당신이나 나만 사랑하는
　　　게 아니라요."

나 :　"그러니까 우리 모두가 포함되는 거군요."

루이스 : "인생은 우리 모두를 사랑한답니다. 사랑은 우리 모두를
　　　포함해야 해요. 그렇지 않으면 그건 사랑이 아니죠."

나 :　"맞아요. 그리고 다른 사람보다 특별한 사람 같은 건 없어요."

루이스 : "사랑의 눈으로 바라보면 모두가 평등하니까요."

나 :　"그렇죠. 그래서 아무도 소외감을 느끼지 않죠."

루이스 : "맞아요. 사랑은 무례하게 누구 하나를 제외시키지 않으
　　　니까요!"

내 주위에 애정 어린 분위기를
조성하겠습니다

질병은 특정한 부분에서 생명의 흐름에 반발하거나 남을 용서하지 못해서 생긴다. 나는 과거에 내 몸을 함부로 대한 나를 용서한다. 이제 나는 자신을 잘 돌보면서 삶이 제공하는 최고의 자양분을 내게 공급하고 있다. 이건 내 몸, 내 마음이므로 내가 책임져야 한다. 주위에 애정 어린 분위기를 조성해서 내 몸과 마음, 정신이 건강하게 살 수 있도록 돕는다. 그리고 내 몸속의 세포들을 위해 조화로운 내적 분위기를 만드는 애정 어린 생각을 한다. 나는 내 몸의 모든 부분을 사랑한다. 인생은 멋지고, 나는 사는 게 즐겁다.

나는 나를 사랑하는
다정한 친구입니다

나는 인생과 하나이고, 모든 인생이 나를 사랑하고 지지한다. 따라서 항상 감정적으로 행복한 상태를 유지할 수 있다. 나는 나의 가장 친한 친구이고, 나와 함께 살아가는 게 즐겁다. 여러 가지 경험을 하고 다양한 사람들이 주변에 오가지만, 나는 항상 나 자신을 위해 여기에 존재한다. 나는 내 부모와 다르고 정서적으로 불행했던 그들의 패턴을 물려받지도 않았다. 나는 평화롭고 즐겁고 사기를 드높이는 생각만 하기로 했다. 나는 나의 유일무이한 자아이며 편안하고 안전하고 평화롭게 인생을 살아간다. 그게 내 존재의 진실이며, 있는 모습 그대로 받아들일 것이다. 내 마음과 정신에서는 모든 것이 순조롭다.

수입이
계속 늘어납니다

신문이나 경제학자들이 뭐라고 하건, 내 수입은 계속 늘어날 것이다. 현재의 소득 수준과 경제 예측을 모두 넘어설 것이다. 내가 어디까지 갈 수 있고 무엇을 할 수 있는지에 대해 남들이 뭐라고 떠들든 신경 쓰지 않는다. 나는 내 부모님의 소득 수준을 거뜬히 뛰어넘을 것이다. 재정에 대한 내 의식은 계속 확대되어 깊이 있고 풍요로우며 안락하고 아름답게 살 수 있는 새로운 방법들을 받아들인다. 내 재능과 능력은 괜찮은 수준 이상이고, 그걸 세상과 나누는 건 정말 즐거운 일이다. 그런 부를 누릴 자격이 없다는 생각을 버리고, 완전히 새로운 차원의 재정적 안정을 받아들일 것이다.

어떤 상황에서든
좋은 일만 찾아올 것입니다

부담감이 심할 때는 부정적인 일에 집중하는 걸 그만둬야 한다. 자신의 한계만 바라봐서는 결코 좋은 해결책을 찾을 수 없다. 깊게 숨을 들이마시면서 어깨와 얼굴, 두피의 긴장을 푼다. 그리고 모든 상황을 흐름에 맡긴 채 계속해서 이렇게 혼잣말을 한다. 모든 게 순조롭다. 모든 게 나의 가장 큰 이익을 위해 움직이고 있고, 어떤 상황에서든 좋은 일만 찾아올 것이다. 나는 안전하다!

그런 다음 상상할 수 있는 완벽한 해결책에 집중한다. 이상적인 상황은 어떤 것인가? 자신의 의지를 종이에 적고 이 비전을 고수하라. 항상 긍정적인 확언을 해야 한다. 이제 긴장을 풀고 세상이 문제를 해결한 뒤 어떤 결과를 보여줄지 기다려본다.

오늘이 정말 멋진 날이 되리라는 걸 알고 있습니다

Apr.
7

아침에 일어나서 눈을 뜨기도 전에 가장 먼저 하는 생각은, 머릿속에 떠오르는 모든 것에 감사를 전하는 것이다. 샤워를 마친 뒤 30분 정도 명상과 긍정 확언, 기도를 한다. 그리고 트램펄린을 이용해 15분 정도 운동을 하는데, 가끔은 아침 6시에 텔레비전에서 하는 에어로빅 프로그램을 보며 운동을 할 때도 있다.

   이제 아침 먹을 준비가 됐다. 날 위해 음식을 제공해주는 어머니 대지에 감사하고, 내게 영양을 공급하기 위해 생명을 바친 음식에 감사한다. 점심식사 전에는 거울 앞에 서서 큰소리로 긍정 확언하는 걸 좋아한다. 때로는 다음과 같은 노랫말을 이용해서 노래로 표현하기도 한다.

루이스, 넌 정말 멋져, 그리고 널 사랑해.
오늘은 네 인생 최고의 날들 가운데 하나야.
모든 게 너의 가장 큰 이익을 위해 잘 돌아가고 있어.
네가 알아야 할 것들은 전부 알게 될 거야.
네게 필요한 건 뭐든지 다 얻게 될 거고.
만사가 순조로워.

애정 넘치고 조화로운 세상을
만들기 위해 최선을 다합니다

우리는 인간의 경험을 하고 있는 영적 존재이다. 영적으로 성장하면 인생이 얼마나 완벽한지 깨닫게 된다. 세상은 언제나 미소를 띤 채로 느긋하게 기다리고 있을 것이다.

긍정 확언: 나는 애정 넘치고 조화로운 세상을 만들기 위해 최선을 다한다.

나는 사랑스러운 사람이고
인생은 나를 사랑합니다

거울 앞에 앉아 명상을 한다. 두 손을 가슴에 올리고 숨을 깊게 들이쉰다. 애정 어린 눈으로 자신을 바라보며, 사랑을 담아 이렇게 말한다.

나는 사랑스러운 사람이고 인생은 나를 사랑한다.
내가 사랑스럽지 못한 사람일까 봐 걱정했던
과거의 나를 모두 용서한다.
스스로를 함부로 판단하고 내 선함을 믿지 않았던
과거의 나를 모두 용서한다.
내가 무가치하고 사랑받을 자격이 없다고 생각했던
과거의 나를 모두 용서한다.
스스로를 비난하고 공격했던
과거의 나를 모두 용서한다.
내 잘못을 용서한다.
내가 배울 수 있도록 용서를 구한다.
내가 성장할 수 있도록 용서를 받아들인다.
나는 사랑스러운 사람이고 인생은 나를 사랑한다.

마음을 열고 사랑으로
두려움을 녹이겠습니다

언제 어느 때나 사랑과 두려움 중에서 하나를 선택할 기회가 있다. 난 두려울 때면 태양을 기억한다. 태양은 구름이 잠시 가려도 항상 빛난다. 마찬가지로, 부정적인 생각의 구름 때문에 일시적으로 흐려진다 하더라도, 그 뒤에는 영원히 빛나는 무한한 지성이 있다. 그래서 나는 빛을 기억하기로 했다. 빛 속에서 안전함을 느끼고, 두려움이 밀려올 때면 그것이 하늘을 스쳐 가는 구름이라고 여기면서 제 갈 길을 가게 했다. 나는 내 두려움과 다르다. 항상 스스로를 지키거나 방어하지 않아도 안전하게 살 수 있다. 두려움을 느낄 때, 나는 마음을 열고 사랑으로 두려움을 녹인다.

문 하나가 닫히면
다른 문이 열립니다

인생은 닫히고 열리는 문의 연속이다. 우리는 서로 다른 경험을 하면서 이 방에서 저 방으로 돌아다닌다. 사람들은 대부분 더 이상 자신에게 자양분이나 유용한 것을 제공하지 못하는 낡고 부정적인 패턴이나 오래된 장애물이 있는 문을 닫고 싶어 한다. 다들 새로운 문을 열고 멋지고 새로운 경험을 찾는 과정에 있다.

이 모든 게 전부 삶의 일부분이며 이 과정 속에서 우리는 항상 안전하다. 그건 단지 변화일 뿐이다. 이곳에 도착해서 처음 문을 여는 순간부터 떠나면서 마지막 문을 열 때까지, 우리는 언제나 안전하다. 다시 한번 강조하지만, 그건 단지 변화일 뿐이다. 우리는 우리의 내적 자아와 평화로운 관계를 유지하고 있으며, 언제나 안전하고 안정적이며 사랑받고 있다.

모든 감정을 솔직하고
긍정적인 방식으로 표현합니다

분노는 자연스럽고 정상적인 감정이다. 아기들은 화가 나면 자신의 분노를 표현한 뒤 잊어버린다. 우리 중 많은 이들은 화를 내는 게 좋지 않고, 예의에 어긋나며, 용납되지 않는 행동이라고 배웠다. 그래서 분노의 감정을 꾹꾹 눌러 삼켜왔다. 하지만 분노가 우리 몸, 우리 관절과 근육에 자리 잡으면 계속 축적되어 원한으로 바뀐다. 층층이 쌓인 분노가 원한으로 변하면 관절염이나 각종 통증, 심지어 암 같은 질병이 생길 수 있다.

분노를 비롯한 자신의 모든 감정을 인정하고 이런 감정을 표현할 수 있는 긍정적인 방법을 찾아야 한다. 사람을 때리거나 못살게 굴 필요는 없지만, "이것 때문에 화가 난다"거나 "네가 한 일에 화가 난다"고 간단명료하게 말할 수는 있다. 이런 말을 하는 게 적절치 않더라도 여전히 많은 선택권이 있다. 베개에 얼굴을 파묻고 소리를 지르거나, 샌드백을 치거나, 달리거나, 차 안에서 창문을 꼭 닫고 소리를 지르거나, 테니스를 치거나 기타 다양한 행동을 할 수 있다. 이런 행동은 모두 건전한 감정 배출구들이다.

삶이 내게 가르치려는 것들을
기꺼이 배웁니다

우리가 얻은 교훈에 감사하라. 교훈에서 도망쳐선 안 된다. 그건 우리가 얻은 작은 보물 상자 같은 것이며, 교훈을 통해 배울수록 우리 삶은 더 나아질 수 있다.

이제 나는 내 내면의 어두운 면을 발견할 때마다 기뻐한다. 그간 내 삶을 방해해온 것들을 놓아줄 준비가 되었다는 걸 알고 있기 때문이다. 그래서 나 자신에게 "이걸 보여줘서 고마워. 덕분에 치유하고 앞으로 나아갈 수 있게 됐어."라고 말하곤 한다. 그 교훈이란 게 불쑥 발생한 문제든, 아니면 우리 안에 있는 낡고 부정적인 패턴을 발견할 기회든, 이제 놓아줄 때가 된 것을 기뻐하도록 하라.

모든 파괴적인 두려움과 의심에서
벗어날 것입니다

두려움은 우리 마음의 한계를 의미한다. 예를 들어 사람들은 병에 걸리거나 노숙자가 되는 걸 두려워한다. 그리고 이 두려움이 너무 커서 방어기제로 바뀌면, 이는 분노가 된다. 방어기제가 우리를 보호하는 면이 있는 건 맞다. 하지만 머릿속에서 끊임없이 두려운 상황을 재현하는 것보다는, 그 에너지를 자신을 사랑하는 데에 쏟는 것이 훨씬 더 강력한 힘을 발휘할 수 있다. 우리는 우리 삶에서 일어나는 모든 일의 중심에 있다. 모든 경험과 모든 관계는 우리 안에 있는 정신적 패턴을 비추는 거울이다.

두려움을 이겨내기 위한 긍정 확언
나는 기꺼이 내 두려움을 놓아준다.
나는 안전하고 확실한 세상에서 살고 있다.
나는 모든 파괴적인 두려움과 의심으로부터 자유로워진다.
나는 나를 받아들이고 정신과 마음을 평화롭게 만든다.
분노나 두려움에 떨게 하는 모든 생각에 굴하지 않는다.
나는 과거를 손쉽게 놓아주고 삶의 과정을 신뢰한다.
나는 이제 나의 장엄함만을 볼 것이다.
내게는 변화를 이루는 힘이 있다.
나는 항상 신의 가호를 받는다.

온전한 내가 되려면 자신의 모든 부분을 받아들여야 한다. 그러니 마음을 열고 자랑스러운 부분, 당황스러운 부분, 거부하는 부분, 사랑하는 부분 등 자신의 모든 부분을 수용하기에 충분한 공간을 만들어라. 그것들 모두가 당신이다. 당신은 아름답다. 우리 모두가 그렇다. 마음이 자신에 대한 사랑으로 가득 차있을 때는 다른 사람들과 공유할 수 있는 것도 정말 많아진다.

이 사랑이 당신의 방을 가득 채우고 당신이 아는 모든 이들에게 발산되도록 하라. 당신이 아끼는 사람들이 방 한가운데 있다고 상상하면서, 그들이 당신의 마음에서 넘쳐흐르는 사랑을 받을 수 있게 한다.

이제 그들 내면에 있는 아이가 활기찬 기쁨으로 가득 차 춤을 추고, 깡충깡충 뛰면서 소리를 지르고, 재주넘기와 옆 구르기를 하는 등 자신의 모든 장점을 표현하는 모습을 지켜보라. 그리고 당신의 내면 아이가 다른 아이들과 함께 놀도록 하라. 아이가 춤을 추게 하고, 아이가 안전하고 자유로운 기분을 느끼게 하라. 아이가 원하던 모든 것이 될 수 있게 해주는 것이다.

당신은 완벽하고, 온전하며, 모든 것을 다 갖추고 있다. 그리고 당신의 멋진 세상에서는 모든 일이 순조롭다. 앞으로도 그럴 것이다.

내 인생은 이제 막 시작되었고, 나는 내 삶을 사랑합니다

루이스를 떠올리며_글 : 로버트 홀든

"확언이 정확히 뭔가요?" 내가 물었다.

"확언은 새로운 시작이죠." 루이스는 그렇게 대답했다.

루이스는 확언을 통해 자기 삶을 변화시켰다. "내가 하는 모든 생각과 모든 말이 확언이라는 걸 알게 되었어요. 그건 내가 진실이라고 믿는 것을 긍정하니까 결국 인생을 살아가는 방식을 긍정하는 게 되죠." 불평도 확언이다. 감사도 확언이다. 모든 생각과 말이 무언가를 확정한다. 결정과 행동도 확언이다. 당신이 입기로 한 옷, 먹기로 한 음식, 그리고 하거나 하지 않기로 한 훈련이 모두 당신의 삶을 확정한다.

그러므로 긍정 확언을 하는 순간, 피해자 역할에서 벗어나게 된다. 당신은 더 이상 무력하지 않다. 당신은 강력한 힘을 가진 존재이다. 긍정 확언은 일상적인 무의식의 잠에서 깨어나게 해주고, 자기 생각을 선택하는 데 도움을 준다. 낡고 제한된 생각을 버리고 현실에 더 충실할 수 있게 도와준다. 당신의 미래를 치유하는 데 도움을 준다. "오늘 당신이 긍정 확언한 내용이 내일의 새로운 경험을 준비한다"고 루이스는 말한다.

내가 아는 모든 잘못을 용서하고
사랑으로 해방시키겠습니다

오랫동안 깊은 원한을 품은 채 살아가는 사람들이 많다. 이 사람들은 '그들'이 한 짓 때문에 자신이 망가졌다고 여기는데, 나는 이걸 원망의 감옥에 갇혀있는 상태라고 부른다. '나는 항상 옳아야 한다는 생각' 혹은 '나는 결코 행복해질 수 없다는 생각'의 감옥 말이다.

당신이 "하지만 그들이 내게 무슨 짓을 했는지 모르잖아요. 절대 용서할 수 없어요."라고 말하는 소리가 들린다. 하지만 용서하기를 꺼리는 건 우리 자신에게 끔찍한 일이다. 이 비통함은 매일 독을 한 숟갈씩 삼키는 것과 같다. 그 독은 계속 축적되어 우리에게 해를 끼친다. 과거에 얽매여있는 한 건강하고 자유로워지는 건 불가능하다.

그 일은 끝났다. 아마 아주 오래전에 끝났을 것이다. 그러니 이제 그만 놓아주고 자유로워져야 한다. 감옥에서 나와 인생의 햇빛 속으로 발을 들여놓을 때이다. 만약 그 일이 여전히 진행 중이라면, 왜 자신을 그렇게 대수롭지 않은 존재로 여기면서 아직도 참고 사는지 스스로에게 물어보라. 왜 그런 상황에 머물러 있는가? '앙갚음하려고' 시간을 낭비해선 안 된다. 그건 아무 도움도 되지 않는다. 우리가 나눠주는 건 항상 우리에게 돌아온다. 그러니 과거를 버리고 지금의 자신을 사랑하는 일에 힘써라. 그러면 멋진 미래를 누릴 수 있을 것이다.

시간이 지날수록, 거울에 비친 내 눈을 들여다보면서 "있는 그대로의 널 사랑해."라고 말하는 게 점점 쉬워지고 있다. 게다가 내가 억지로 고치지 않아도 내 인생은 점점 나아지고 있다.

예전의 나는 일이 벌어진 뒤에 뒤늦게 문제를 수습하는 사람이었다. 인간관계에 생긴 문제를 고쳤다. 은행 계좌 문제를 해결했다. 상사, 건강, 창의력과 관련된 문제도 고쳤다. 그러던 어느 날 마법을 발견했다. 내가 나와 나의 모든 부분을 진정으로 사랑하자, 인생에 놀라운 기적이 일어난 것이다. 문제들이 저절로 해결되어 힘들여 고쳐야 할 게 다 사라졌다. 그때부터 내 관심의 초점은 문제를 고치는 것에서 벗어나, 나 자신을 사랑하고 내가 원하는 걸 세상이 모두 가져다줄 것이라고 믿는 쪽으로 바뀌었다.

나는 절대로 누군가를 잃을 수 없고, 잃지도 않았다는 걸 압니다

죽음과 슬픔에 대처하는 법

나는 죽음과 슬픔의 과정을 평화롭게 받아들인다.

이 자연스럽고 정상적인 삶의 과정을 통과할 수 있는

시간과 공간을 나에게 허락한다.

나는 나에게 친절하다.

내가 슬픔을 이겨내도록 허락한다.

나는 절대로 누군가를 잃을 수 없고, 잃지도 않았다는 걸 알고 있다.

눈 깜짝할 사이에 우리는 다시 연결될 것이다.

모두가 죽는다.

나무도, 동물도, 새도, 강도, 심지어 별들도 태어났다가 죽는다.

나도 마찬가지다.

그리고 모든 것이 완벽한 시공간 순서에 따라 이루어진다.

새로운 삶의 문을 열겠습니다

우리는 태어나는 순간부터 많은 문을 거쳤다. 탄생은 큰 문이고 큰 변화였지만, 우리는 그 후로도 많은 문을 거쳤다.

우리는 완전하고 풍요롭게 살기 위해 필요한 모든 걸 갖춘 상태로 이번 생을 맞이했다. 우리는 필요한 모든 지혜와 지식을 가지고 있다. 필요한 모든 능력과 재능도 있다. 필요한 모든 사랑을 갖고 있다. 인생은 우리를 부양하고 돌보기 위해 여기에 있다. 우리는 그렇다는 사실을 알고 또 믿어야 한다.

문은 끊임없이 닫혔다가 열리지만, 나 자신에게만 계속 집중한다면 어떤 문을 지나든 항상 안전할 것이다. 이 행성의 마지막 문을 지나도 끝난 게 아니다. 그건 또 다른 새로운 모험의 시작일 뿐이다. 변화를 경험하는 건 괜찮은 일이라는 걸 믿어라.

오늘은 새로운 날이다. 우리는 멋지고 새로운 경험을 많이 할 것이다. 우리는 사랑받고 있다. 우리는 안전하다.

세상은 내게
그러라고 말합니다

받아들인다는 건 아주 확실하게 찬성한다는 뜻이다. 세상은 당신에게 언제나 그러라고 말한다. 그래서 이 세상은 당신이 가장 좋은 것을 달라고 부탁했을 때, '생각해보겠다'고 하지 않고 무조건 좋다고 말한다. 세상은 언제나 당신이 바라는 최고의 것을 받아들인다. 그러니까 당신도 긍정적인 말만 해야 한다. 받아들이는 것의 핵심은 의지, 즉 준비된 자세. 당신이 "나는 이 상황에서 최고의 것을 받아들일 준비가 되어있다"고 선언하면 그에 맞춰 인식과 환경이 달라진다.

받아들이는 것은 현재에 집중하는 데도 도움이 된다. 지금 있는 곳에 머물면서 깊게 숨을 들이마시고, 나를 위해 여기에 존재하는 모든 걸 받아들이도록 하라. 때로는 모든 게 다 갖춰져 있는데, 딱 하나, 우리의 받아들이는 능력만 부족한 경우가 종종 있다. 세상은 항상 우리에게 모든 걸 주려 하지만, 그걸 알아차리려면 마음을 열고 수용적인 태도를 취해야 한다. 기꺼이 받아들이겠다는 의지가 마음을 열어주고, 자격과 가능성의 기준을 뛰어넘을 수 있게 한다. 받아들이려는 태도는 이미 우리를 위해 이곳에 있는 것들에 주의를 기울일 수 있게 해준다.

우리는 인생을 멋지고 사랑스럽게 표현하게 될 운명이다. 인생은 우리가 마음을 열고, 자신이 우리를 위해 준비해둔 좋은 것들의 가치를 느끼기를 기다리고 있다. 우리는 세상의 지혜와 지성을 활용할 수 있다. 인생은 우리를 지지하기 위해 여기에 있다. 우리를 위해 내면에 존재하는 힘을 믿어라.

두려울 때는 들이쉰 공기가 몸 안으로 들어왔다가 다시 밖으로 빠져나가는 과정을 의식하는 게 도움이 된다. 우리 삶에서 가장 소중한 물질인 공기는 공짜로 얻을 수 있다. 살아있는 동안 계속 숨 쉴 수 있을 만큼 충분한 공기가 존재한다. 우리는 아무 생각 없이 이 귀중한 물질을 받아들이면서도 인생이 과연 다른 필수품도 공급해줄 수 있을지 의심하고 있다. 지금은 우리 자신의 힘과 우리가 무엇을 할 수 있는지에 대해 배워야 하는 때다. 내면으로 들어가 내가 누구인지 알아보라.

나 자신을 있는 그대로
완벽하게 사랑합니다

우리는 '완벽한 부모'가 될 필요가 없다. 우리가 아이들을 위해 할 수 있는 가장 좋은 일은 스스로를 사랑하는 것이다. 아이들은 항상 부모를 본보기 삼아 배우기 때문이다. 만약 우리가 애정 어린 부모라면, 아이들은 우리가 친구로 사귀고 싶은 그런 사람으로 자랄 수 있다. 아이들은 스스로 성취하는 성공한 개인이 될 테고, 더 나은 삶을 살 것이다.

나는 성공을
받아들입니다

인생을 완전히 즐길 수 있도록 허락하라. 스스로의 창의적인 재능에 감사하고 또 감사하라. 세상은 감사를 좋아한다. 그러니 다른 사람의 성공을 기뻐하라. 자기가 하는 모든 일을 재미있고 창의적으로 만들라. 자신을 사랑하고 인생을 사랑하라. 이제 당신은 다음 단계로 넘어가고 있다. 모든 게 잘될 것이다.

긍정 확언: 나는 성공을 받아들이고, 어디를 가든 번창할 것이다.

매일 새로운 것을
배우려 합니다

변화에 저항감을 느낀다면 거울을 보면서 다음과 같이 긍정 확언하자.

그건 생각일 뿐이고 생각은 언제든 바뀔 수 있다.
나는 변화를 받아들일 용의가 있다.
나는 기꺼이 바뀔 것이다.
두 팔을 활짝 벌리고 새로운 것을 맞이한다.
나는 날마다 새로운 걸 배울 것이다.
모든 문제에는 그 나름의 해결책이 있다.
모든 경험은 내가 배우고 성장할 수 있는 기회다.
나는 안전하다.

내가 하는 모든 생각이
내 미래를 만듭니다

루이스를 떠올리며_글 : 로버트 홀든

루이스는 라이브 강연 '가능성의 총체'에서 이렇게 말한 적이 있다. "나는 평생 사람들 속에 있는 진실을 보았습니다. 나는 그들 존재의 절대적인 진리를 봅니다. 나는 신이 준 건강이 그들 안에 깃들어 있고, 그들을 통해서 표현된다는 걸 압니다."

　루이스가 말한 건 긍정적인 사고에 관한 게 아니다. 사실 루이스는 어떤 생각을 긍정적이거나 부정적이라고 여기지 않았다. 생각은 항상 중립적이다. 긍정적이거나 부정적인 건 우리가 생각을 대하는 방식일 뿐이다.

　"그럼 어떻게 해야 정말로 마음을 바꿀 수 있을까요?" 어느 날, 내가 루이스에게 물었다.

　"자기 마음과의 관계를 바꿔야 해요." 그녀는 이렇게 말했다.

　"어떻게 하면 되죠?"

　"본인이 자기 생각을 만들어낸 사람이라는 걸 기억해야죠."

　"생각이 아니라 생각하는 사람이 되어야 하는 거군요."

　"힘은 생각이 아니라 생각하는 사람에게 있어요." 루이스는 그렇게 대답했다.

오늘은
완료의 날입니다

인생의 매 순간은 완벽하고 완전하며 모든 것이 갖춰져 있다. 신과 함께라면 미완성인 것은 없다. 당신은 무한한 힘, 무한한 지혜, 무한한 행동, 무한의 일체를 지닌 사람이다. 당신은 오늘 맡은 일을 모두 완수할 것을 알고 성취감을 느끼면서 잠에서 깨어난다. 숨결 하나하나까지 충만하게 완성된다. 당신이 보는 모든 장면은 그 자체로 완전하다. 하는 말 한마디 한마디가 충만하게 완성된다. 당신이 수행하는 모든 과제 혹은 그 과제의 각 부분은 당신이 만족할 수 있는 수준으로 완료된다. 인생의 황야에서 홀로 고군분투하지 않아도 된다.

당신이 허락하기만 하면, 항상 당신을 이끌어줄 준비가 되어있는 눈에 보이지 않는 많은 친구들의 도움을 받을 수 있다. 당신 인생의 모든 것이 손쉽게 제자리에 들어맞을 것이다. 통화는 제시간에 끝난다. 편지를 받고 답장을 받는다. 프로젝트가 결실을 맺는다. 다른 사람들이 협력해준다. 모든 것이 제시간에, 완벽한 순서에 따라 진행된다. 모든 게 잘 갖춰져 있어서 기분이 좋다. 오늘은 완료하는 날이다. 그렇다고 선언하라.

우리는 자기 자신과 서로를
사랑하기 위해 여기에 있습니다

세상을 구할 수 있는 사람은 우리밖에 없다. 공동의 대의를 위해 뭉치다 보면 답을 찾게 된다. 우리에게는 우리 몸보다, 성격보다, 불안감보다, 과거보다 훨씬 큰 부분이 있다는 걸 항상 기억해야 한다. 관계보다 훨씬 큰 부분이 있다. 우리의 핵심은 순수한 영혼 혹은 영원함이다. 항상 그래왔고 앞으로도 그럴 것이다. 우리는 자기 자신과 서로를 사랑하기 위해 여기에 있다. 그 과정에서 우리 자신과 행성을 치유할 수 있는 답을 찾을 것이다.

우리는 비범한 시기를 겪고 있다. 모든 게 변하는 중이다. 우리는 문제의 깊이를 모를 수도 있지만, 최선을 다해 헤엄치고 있다. 이 또한 지나갈 테고, 우리는 해결책을 찾을 것이다. 우리는 영적인 차원에서 연결되고, 모두 하나다. 우리는 자유롭다. 언제나 그럴 것이다.

나는 항상 내 생각을
선택할 자유가 있습니다

어떤 사람이나 장소, 사물도 내가 허락하지 않는 한 나를 지배할 힘이 없다. 내 머릿속에서 생각하는 이는 나뿐이기 때문이다. 뭘 생각할지 선택할 수 있다는 점에서 내게는 엄청난 자유가 있다. 나는 나와 다른 이들에게 불평하거나 화내는 대신, 긍정적인 시각으로 삶을 바라볼 수 있다. 내가 못 가진 걸 불평하는 것도 상황에 대처하는 한 가지 방법이지만, 그래봤자 아무것도 바뀌지 않는다. 자신을 사랑하고, 부정적인 상황에 처했을 때는 "이런 상태를 일으킨 내 생각 패턴을 기꺼이 놓아줄 거야."와 같이 말할 수 있다.

　누구나 과거에 부정적인 선택을 한 적이 있다. 하지만 그렇다고 해서 우리가 나쁜 사람이라는 얘기는 아니며, 우리는 이런 부정적인 선택에 얽매이지도 않는다. 우리는 언제든 낡은 판단에서 손을 뗄 수 있다.

내면의 아이와
즐거운 시간을 보냅니다

아이가 자라고 꽃을 피우려면 사랑과 수용, 칭찬이 필요하다. 이때 우리는 기존에 하는 방식을 '잘못된' 것으로 만들지 않고도 '더 나은' 방법을 보여줄 수 있다. 당신 내면에 있는 아이는 여전히 사랑과 인정을 필요로 하므로, 다음과 같은 긍정적인 말을 들려줄 수 있다.

나는 너를 사랑하고 네가 최선을 다하고 있다는 것을 알아.
너는 지금 모습 그대로도 완벽해.
너는 매일 더 멋져지고 있어.
나는 너를 인정해.
이걸 할 수 있는 더 나은 방법이 있는지 알아보자.
성장과 변화는 즐거운 일이고, 우린 함께할 수 있어.

나는 항상 완벽하고 온전하며
모든 걸 갖추고 살아갈 것입니다

내가 존재하는 무한한 삶 속에서는
모든 것이 완벽하고 온전하게 갖춰져 있다.
나는 이제 낡은 한계와 결핍을 믿지 않는다.
나는 나를 완벽하고 온전하며
모든 걸 갖춘 사람으로 바라보기 시작했다.
내 존재의 진실은
완벽하고 온전하게 모든 걸 갖춘 사람이 되도록
만들어졌다는 것이다.
그러므로 나는 항상 완벽하고 온전하게
모든 걸 갖추고 살아갈 것이다.
이런 생각을 바탕으로 살아가면서
적절한 시간에 적절한 장소에서 올바른 일을 할 것이다.
내 세계에서는 만사가 순조롭다.

오늘은 인생이
날 사랑하는 날입니다

이 책을 잠시 내려놓고 인생은 날 사랑해, 라는 긍정 확언을 열 번 반복하자. 마지막에는 거울을 보면서 이렇게 확언한다. 오늘, 인생이 날 사랑하게 할 거야. 이때 자신이 어떤 반응을 보이는지 살펴보자. 천천히 호흡하는 걸 잊어서는 안 된다. 몸에서 편안한 감각이 느껴지고 마음이 가벼워지며 행복한 생각으로 가득 찰 때까지 이 긍정 확언을 되풀이한다. 자발적인 의지가 가장 중요하다. 의지만 있으면 모든 게 가능하다.

　이 훈련을 할 때는 자신을 아주 다정하게 대해야 한다. 미러 워크를 처음 하는 사람은 불편하고 힘든 감정을 느끼기 마련이다. 자신의 가장 근원적인 두려움과 가장 끔찍한 자기비판을 마주하기 때문이다. 하지만 거울을 계속 들여다보면, 그런 비판을 통해 자신의 진짜 본모습을 알아차릴 수 있다. 미러 워크를 대하는 태도가 성공의 열쇠다. 가볍게 받아들이면서 장난치듯이 하는 게 중요하다. 당신이 적응하는 데 도움이 된다면, 이걸 미러 워크라고 부르지 말고 거울 놀이라고 불러도 좋다.

자신이 지금 어떤 위치에 있든, 당신을 이곳까지 데려온 건 당신의 생각이라는 걸 기억하라. 주변 사람들은 당신이 받아 마땅하다고 생각하는 대우를 해주는 것뿐이다.

생각은 바뀔 수 있다. 상황도 변할 수 있다. 정말 참기 힘들다고 생각했던 상사가 날 강력히 옹호해줄 수도 있다. 승진 가능성이 전혀 없는 막막한 상황이 새로운 경력의 문을 열어줄 수도 있다. 짜증나던 동료의 경우, 비록 친한 친구 사이는 되지 못하더라도 적어도 대하기 쉬운 사람이었다는 게 밝혀질지도 모른다. 부족하다고 생각했던 봉급이 눈 깜짝할 사이에 늘어날 수도 있다. 또 멋진 새 직장을 찾을 가능성도 있다.

생각을 바꿀 수만 있다면, 우리 앞에는 무한한 길이 존재한다. 그러니 새로운 가능성에 마음을 열어두고, 어디서나 풍요와 성취를 이룰 수 있다는 사실을 의식적으로 받아들여야 한다. 상사가 맡긴 추가 임무 같은 작은 변화를 통해 자신의 지적 능력과 창의력을 증명할 수도 있다. 동료를 적이 아닌 친구처럼 대한 결과 눈에 띄는 행동 변화를 경험할 수 있다. 어떤 변화든 수용하고 기뻐하자. 당신은 혼자가 아니다. 당신 자체가 곧 변화다. 우리를 창조한 힘은 경험을 이끌어내는 힘도 함께 안겨줬다.

나는 기꺼이 변화하고 성장할 것입니다

인간관계는 자신을 비추는 거울이다. 주변에 있는 사람들은 항상 우리의 자질이나 관계에 대한 생각을 반영한다. 그게 상사든, 직장동료든, 직원이든, 친구든, 연인이든, 배우자든, 자녀든 모두 마찬가지다. 이들에게 마음에 들지 않는 부분이 있다면 그건 전부 당신이 하거나 하지 않은 일, 혹은 믿는 바와 관련이 있다. 그들의 존재 방식이 어떤 식으로든 당신의 삶을 보완하지 못한다면, 그들의 마음을 끌어당기거나 함께 삶을 나누지 못할 것이다.

1. 당신을 괴롭히는 사람이 누구인지 잠시 생각해보자. 그 사람과 관련해 마음에 들지 않는 점 세 가지와 달라졌으면 하는 부분이 뭔지 생각한다.
2. 이제 자기 속마음을 깊숙이 들여다보면서 자문해보자. "나한테도 그와 비슷한 점이 있는 게 아닐까? 언제 그렇게 행동하는 걸까?"
3. 눈을 감고 천천히 시간을 들여서 생각해야 한다. 그리고 변화할 의향이 있는지 스스로에게 물어보자. 당신의 생각과 행동에서 이런 패턴과 습관, 신념을 제거하면 상대방도 같이 바뀌거나 당신 인생에서 떠나갈 것이다.

의무를 없애고
자유로워집니다

'해야 한다'는 우리가 사용하는 언어에서 가장 해로운 단어 중 하
나다. 사실 그 말을 쓰는 것은 자기가 지금 틀렸거나, 과거에 틀렸
거나, 앞으로 틀릴 거라고 말하는 것이나 마찬가지다. 우리 어휘
사전에서 이 단어를 영원히 삭제하고 '할 수 있다'로 바꾸면 좋겠
다. '할 수 있다'는 우리에게 선택권을 주므로 결코 잘못되는 일
이 없다.

'해야 하는' 일을 다섯 가지 생각해본다. 그런 다음 '해야 한다'를
'할 수 있다'로 바꾼다. 자, 이제 자신에게 "그런데 왜 안 했을까?"
라고 물어보자. 애초에 하고 싶지 않았던 일이었거나 남들의 강요
나 의무에서 비롯된 일이었을 것이다. 그런 일 때문에, 몇 년 동안
스스로를 질책해왔다는 사실을 깨닫게 될지도 모른다. 자신의 목
록에서 '해야 한다'를 몇 개나 삭제할 수 있는가?

내 몸은 내가 소중히 대하는
좋은 친구입니다

나는 요리할 때 항상 잘 작동하는 스토브에게 감사를 전한다. 당신도 주방에 있는 가전제품에 감사하는 습관을 들이자. 식기세척기, 믹서, 찻주전자, 냉장고 등에 감사하면서 부엌에 있을 때 다음과 같은 긍정 확언을 이용한다.

부엌에 있는 너희 가전제품들이
맛있고 영양가 있는 식사를 손쉽게 준비할 수 있도록
많이 도와주지.
내 냉장고에는 건강에 좋은 맛있는 음식이
아주 많이 들어있어.
너희들 덕분에 쾌적하게 살 수 있음을 잘 알고 있어.
언제나 정말 고마워.

내 몸에 좋은 음식을
먹겠습니다

가장 중요한 건 생각과 음식이다. 좋은 영양분을 섭취하면 뇌에 도움이 된다. 먹는 음식을 바꾸기 시작하면, 새롭고 긍정적인 생각을 받아들이거나, 살면서 나은 선택을 하기가 쉬워질 것이다.

긍정 확언: 나는 나를 사랑하기 때문에 영양가 있는 음식과 음료를 내 몸에 공급하고, 내 몸은 활기찬 건강과 에너지로 사랑스럽게 반응한다.

내면의 아이를 기꺼이 사랑하고
받아들일 것입니다

당신이 몇 살인지는 중요하지 않다. 당신 내면에는 사랑과 인정이 필요한 어린아이가 살고 있다. 여자의 경우에는 아무리 자립심 강한 사람도 내면에 아주 여리고 도움이 필요한 어린 소녀가 있다. 남자의 경우에는 아무리 자신만만한 사람이라도 내면에는 따뜻함과 애정을 갈구하는 어린 소년이 있다.

두려움을 느낄 때마다 지금 두려워하는 건 내면의 아이라는 걸 알아야 한다. 어른은 두려워하지 않지만, 아이와의 연결이 끊어진 탓에 아이 곁에 있어주지 못했다. 이 어른과 아이는 서로 관계를 발전시켜야 한다.

우리 내면의 아이가 정말 원하는 건 주목받고, 안심하고, 사랑받는 것이다. 몇 분만 시간을 할애해서 자기 내면에 있는 어린아이와의 관계를 맺기 시작한다면, 우리 삶은 훨씬 나아질 것이다.

긍정 확언: 나는 내면의 아이를 기꺼이 사랑하고 받아들일 것이다.

누구든지 자신이 받아들일 수 없고 바람직하지 않다고 생각하는 부분이 있기 마련이다. 그 때문에 정말 화가 난 사람은 자학 행위를 한다. 술, 마약, 담배를 남용하기도 하고 과식이나 다른 좋지 못한 행동을 하기도 한다. 자책도 한다. 무엇보다 큰 피해를 주는 가장 나쁜 행동은 자신을 비난하는 것이다.

이젠 모든 비난을 멈춰야 한다. 그런 습관이 들면 놀랍게도 다른 사람에 대한 비난도 함께 멈추게 된다. 모든 사람은 우리 자신의 모습을 반영하고 있고, 다른 사람에게서 보이는 모습을 자신에게서도 보기 때문이다.

다른 사람에 대해 불평하는 건 사실 자신에 대해 불평하는 것이다. 자신의 본모습을 진정으로 사랑하고 받아들일 수 있게 되면 불평할 게 아무것도 없다. 그러면 스스로를 다치게 할 수 없고 다른 사람도 다치게 할 수 없다.

오늘도 즐거운 시간을 보내겠습니다

우리가 하는 일을 힘들고 단조로운 일로 만들 필요는 없다. 어떤 일이든 재미있게 즐길 수 있다. 게임이 되고 기쁨이 될 수 있다. 모든 건 나 자신에게 달렸다. 심지어 용서를 연습하거나 원한을 푸는 것도 재미있을 수 있다. 그렇게 하고 싶다면 말이다. 나는 클라이언트와 사적인 상담을 할 때 최대한 빨리 그 과정에 웃음을 불어넣는다. 모든 일에 대해 빨리 웃을수록 힘든 일을 놓아버리기가 쉬워진다.

널 사이먼의 연극처럼 자신의 문제가 무대에서 상연되는 걸 본다면, 의자에서 굴러 떨어질 정도로 웃을지 모른다. 비극과 희극은 본질적으로 같은 것이다. 그저 자신의 관점에 따라 달라질 뿐이다.

변화를 기쁘고 즐거운 사건으로 만들기 위해 가능한 모든 방법을 동원해보자. 변화를 즐기기 바란다.

내가 어떤 도움을 줄 수 있을지 생각합니다

많은 이들이 인생 목표(1년짜리 목표든 5년짜리 목표든)를 필요로 하지만 나는 그렇지 않았다. 내 질문은 언제나, '어떻게 해야 사람들을 도울 수 있을까?'였다. 나는 이 질문을 수천 번 이상 되풀이했다. 세상에서 벌어지는 온갖 힘든 일을 볼 때마다 내가 구체적으로 도와주는 건 불가능할지도 모른다는 걸 깨닫지만, '어떻게 해야 도울 수 있을까?'라는 질문을 던지며 도우려는 의지를 적극적으로 전달하는 것은 분명 내가 할 수 있는 일이다.

지금의 모든 순간을 사랑하는 게
내 목표입니다

May
12

나는 시장에 가든 사무실에 출근하든 세계 여행을 하든 아니면 그냥 집에만 있든, 하루하루의 일정에 애정을 쏟는다. 우리 삶의 목적 가운데 하나는 세상을 치유하는 걸 돕는 것이다. 그러려면 자신을 치유하는 일부터 시작해야 한다. 내 세상의 중심은 내가 있는 곳이다. 연못에 잔물결이 퍼지듯이, 생각은 나로부터 뻗어 나간다. 조화로운 생각을 하면서 내면에 조화를 이루면, 우리에게서 발산된 에너지가 세상으로 뻗어 나가 사람과 장소와 사물을 접촉하게 된다. 다들 이런 진동을 느끼면서 반응한다. 그러므로 나 자신부터 화합과 사랑을 발산하고 있는지 확인해야 한다.

내 인생의 모든 사랑에
깊이 감사합니다

사랑은 우리가 가장 기대하지 않았을 때, 그리고 그걸 찾지 않을 때 다가온다. 사랑을 열심히 물색할 때는 적합한 파트너를 찾지 못한다. 그리움과 불행만 낳을 뿐이다. 사랑은 바깥에 있는 게 아니라 우리 안에 있기 때문이다.

사랑이 곧바로 찾아올 거라고 우기지 말라. 어쩌면 당신은 준비가 되지 않았거나, 자기가 원하는 사랑을 끌어들일 수 있을 만큼 발전되지 않은 상태일지도 모른다. 누군가를 곁에 두고 싶다는 생각 때문에 아무에게나 안주해선 안 된다. 기준을 정해야 한다. 어떤 사랑을 끌어들이고 싶은가? 자신의 자질을 나열해보면 그와 비슷한 자질을 가진 사람을 끌어들일 수 있다. 사랑을 멀리하게 되는 이유가 뭔지 살펴볼 수도 있다. 비판 때문일까? 자기가 하찮은 인간이라는 기분? 불합리한 기준? 친밀감을 느끼는 것에 대한 두려움? 자기가 불쾌한 사람이라는 생각?

사랑이 찾아왔을 때 기꺼이 사랑할 준비가 되어있어야 한다. 밭을 갈아두고 사랑을 키울 준비를 하라. 사랑하면 사랑스러워질 것이다. 사랑에 개방적이고 수용적인 태도가 필요하다.

나는 내가 좋아하는 일을 하고,
그에 대한 충분한 보수를 받습니다

May
14

경력을 위한 긍정 확언

나는 서로를 존중하는 분위기에서 모든 동료와 친하게 지낸다.

나는 나를 존중하고 돈을 잘 주는 회사에서 일한다.

내 업무 공간은 즐겁다.

나는 직장을 쉽게 구한다.

수입이 꾸준히 증가하고 있다.

내가 하는 일은 성취감과 만족감을 안겨준다.

나는 항상 멋진 상사와 함께 일한다.

출근하는 건 기쁜 일이다.

나는 직장 생활이 아주 만족스럽다.

그리고 내 경력에 감사한다.

내 몸의 모든 세포는
신성한 지성을 지니고 있습니다

내가 존재하는 무한한 삶 속에서는
모든 것이 완벽하고 온전하게 갖춰져 있다.
나는 내 몸을 좋은 친구로 여긴다.
내 몸의 모든 세포는 신성한 지성을 지니고 있다.
나는 세포가 하는 말에 귀 기울이며, 그 조언이 타당하다는 걸 안다.
나는 항상 안전하며 신성한 보호와 인도를 받는다.
나는 건강하고 자유로워질 것이다.
내 세상에서는 만사가 순조롭다.

오늘, 사랑을 가르쳐달라고 부탁하겠습니다

애정 어린 의사소통은 우리가 할 수 있는 가장 행복하고 강렬한 경험 중 하나다. 한번은 어떻게 내가 여기까지 올 수 있었는지 생각해봤다. 나 자신을 위해 여러 가지 일을 했고, 많은 책을 읽었으며, "내가 하는 생각과 말이 밖으로 퍼져나가면 세상이 내게 반응하고 그것이 다시 내게로 돌아온다"라는 인생의 원칙을 이해하게 되었다. 그래서 세상의 에너지에 도움을 청하면서 나 자신을 관찰하기 시작했다. 그렇게 아무런 판단이나 비판 없이 지켜볼 수 있는 여지를 허락하자, 애정 어린 의사소통에 큰 진전이 생기기 시작했다.

나는 무엇을 믿는가? 무엇을 느끼는가? 어떻게 반응하는가? 어떻게 하면 더 사랑할 수 있을까? 이런 질문들에 대해 고민해본 뒤에, 세상에게 사랑을 가르쳐달라고 부탁해보자.

지금 이곳에서 치유와 건강을 받아들입니다

건강은 나의 신성한 권리다. 나는 세상의 모든 치유 에너지를 열린 마음으로 받아들인다. 내 몸의 모든 세포는 똑똑해서 스스로 치유하는 방법을 알고 있으며, 내 몸은 항상 완벽한 건강을 유지하기 위해 노력하고 있다. 이제 완벽한 치유를 방해하는 장애물을 모두 없앨 것이다. 나는 영양에 대해 배우고 몸에 좋은 음식만 먹는다. 내가 하는 생각을 감독하면서 건전한 생각만 한다. 나는 내 몸을 사랑한다. 모든 장기와 뼈, 근육, 신체 부위에 사랑을 보낸다. 내 몸의 세포마다 사랑을 가득 채운다. 그동안 건강하게 지내온 내 몸에 감사한다. 지금 이곳에서 치유와 건강을 받아들인다.

좋아하지 않는 일을 하고 있거나, 직업을 바꾸고 싶거나, 직장에서 문제가 있거나, 실직 중이라면, 그걸 해결하는 가장 좋은 방법은 다음과 같다.

우선 자신의 현재 상황에 대해 사랑을 담아 축복하는 것부터 시작한다. 지금의 상황은 앞날을 위한 디딤돌일 뿐이라는 걸 알아야 한다. 당신이 지금 그곳에 있는 건 당신의 생각 패턴 때문이다. 만약 '그들'이 당신이 원하는 대로 당신을 대하지 않는다면, 당신의 의식에 그런 행동을 조장하는 패턴이 존재하는 것이다. 그러니 현재의 직장이나 최근에 다닌 직장을 떠올리면서 그 회사 건물, 엘리베이터나 계단, 사무실, 가구와 장비, 상사와 동료들, 그리고 모든 고객을 사랑으로 축복하라.

긍정 확언: 나는 멋진 상사와 함께 일한다. 상사는 항상 나를 존중하고 예의 바르게 대한다. 내 상사는 여유롭고 같이 일하기 편하다.

용서하는 태도가
새로운 시작을 가져옵니다

뭔가를 용서할 수 없다는 생각을 계속 품고 있으면, 우울한 기분에서 절대 벗어날 수 없다. 계속 화가 나고 감정이 치밀어 오르는데 어떻게 이 순간 행복할 수 있겠는가? 비통한 생각만 해서는 기쁨을 느낄 수 없다. 자신의 태도가 아무리 정당하고 '그들'이 아무리 나쁜 짓을 했어도, 과거에만 매달려 있으면 결코 자유로워지지 못한다. 자신과 다른 사람을 용서해야 과거의 감옥에서 풀려날 수 있다.

어떤 상황에 정체되어 있다고 느끼거나 긍정 확언이 통하지 않는다면, 그건 대개 용서해야 할 일이 많다는 뜻이다. 현재의 삶이 자유롭게 흘러가지 않는다면 그건 과거에 매달려있기 때문이다. 후회, 슬픔, 상처, 두려움, 죄책감, 비난, 분노, 원한, 혹은 복수하려는 마음 때문일 수도 있다. 이런 상태는 용서하지 못하는 태도, 과거를 놓고 현재로 들어서는 걸 거부하는 태도 때문에 생기는 것이다. 하지만 당신의 미래를 만들어낼 수 있는 건 지금 이 순간뿐이다.

나는 항상 안전하며
신성한 보호를 받고 있습니다

나는 삶과 하나이고, 모든 삶은 나를 사랑하며 지지해준다. 그러 므로 나는 모든 면에서 나를 위한 사랑과 수용을 주장한다. 나는 나의 모든 감정을 받아들이고 기회가 생기면 적절하게 표현할 수 있다. 나는 내 부모와 다르고, 분노와 비난을 남발하던 그들의 감 정 패턴에 애착도 없다. 나는 성급하게 반응하기보다 찬찬히 관찰 하는 법을 배웠고 덕분에 이제 내 삶은 전보다 훨씬 차분하게 돌 아간다. 나는 세상에 하나뿐인 독특한 자아이며, 더 이상 사소한 일로 전전긍긍하지 않는다. 나는 마음의 평안을 누리고 있다. 이 것이 내 존재의 진실이며 이를 있는 그대로 받아들인다. 나의 내 면에서는 모든 것이 순조롭다.

나는 영원한
일체의 독특한 표상입니다

나는 내 자신과 다른 사람을 무조건적으로 사랑하는 방법을 배우기 위해 여기에 있다. 사람이면 누구나 키나 몸무게처럼 측정 가능한 부분을 가지고 있지만, 내게는 육체적으로 드러나는 것보다 훨씬 많은 게 있다. 내 진정한 힘은 측정할 수 없는 부분에 존재한다. 나를 다른 사람과 비교하면 우월하거나 열등한 기분을 느끼게 될 뿐, 결코 내 본모습을 정확하게 받아들일 수 없다. 이는 시간과 에너지 낭비다. 우리는 모두 독특하고 멋진 존재이며, 각각 다르고 특별하다. 내면으로 들어가는 순간, 나는 우리 모두의 본질인 영원한 일체의 독특한 표현과 연결된다.

내면의 아이를
사랑으로 맞이합니다

거울 앞에 서서 자신의 눈을 깊숙이 들여다본다. 그리고 거울에 비친 어른의 모습, 그 너머에 있는 내면의 아이를 맞이하자. 이 아이는 무슨 말을 하려는 걸까?

1. 다섯 살 무렵에 찍은 자신의 사진을 찾아서 그 사진을 욕실 거울에 테이프로 붙여둔다.
2. 몇 분간 사진을 바라보자. 뭐가 보이는가? 행복한 아이의 모습이 보이는가? 아니면 비참한 아이의 모습이 보이는가?
3. 거울에 비친 내면의 아이에게 말한다. 이때 어린 시절 사진을 봐도 되고 자기 눈을 들여다봐도 된다. 어느 쪽이든 편한 방법으로 하면 된다. 어릴 때 별명이 있었다면 내면의 아이에게 말을 걸 때 그 별명을 불러도 좋다. 정말 효과적인 방법은 거울 앞에 앉는 것이다. 서있으면 감당하기 힘든 감정이 떠오르기 시작하자마자 문밖으로 뛰쳐나가고 싶은 유혹이 생길지도 모르기 때문이다. 그러니 앉아서 티슈 상자를 옆에 놓고 이야기를 시작하자.
4. 마음을 열고 속마음을 공유한다.
5. 이 과정이 끝나면 다음과 같이 긍정 확언한다. 난 널 사랑해. 널 위해 내가 여기 있어. 넌 안전하단다.

용서가 더 나은 미래를
만듭니다

내가 말하는 '용서'의 개념을 까다롭고 혼란스럽다고 느끼는 사람들이 있는데, 용서와 수용은 다르다는 걸 알아야 한다. 누군가를 용서한다는 게 그들의 행동을 용납한다는 뜻은 아니다. 용서는 당신의 마음속에서 일어난다. 상대방과는 아무 상관도 없다. 진정한 용서의 목적은 그 고통으로부터 나 자신을 해방시키는 것이다.

또한 용서한다고 해서, 타인의 고통스러운 태도나 행동이 당신의 삶에 계속 영향을 미치게 허용하라는 것도 아니다. 상대방에 대한 태도를 정하고 건전한 경계를 세우는 건 당신이 할 수 있는 가장 애정 어린 행동인 경우가 많다. 당신 자신뿐만 아니라 상대방에게도 말이다.

누군가를 용서할 수 없다는 쓰라린 감정을 품은 이유가 무엇이든, 우리는 그 감정을 뛰어넘을 수 있다. 당신에게는 선택할 권리가 있다. 지금 그 자리에서 꼼짝 않고 계속 원망하는 길을 선택할 수도 있고, 자신을 위해 과거에 일어난 일을 기꺼이 용서하고 놓아버린 뒤 기쁨이 넘치는 만족스러운 방향으로 나아갈 수도 있다. 당신에게는 선택의 자유가 있고 원하는 대로 인생을 꾸려갈 자유도 있다.

나는 신이 사랑 넘치는 존재임을 믿습니다

나는 사물을 있는 그대로 바라보겠다고 결심했다. 나는 신과 같은 시선, 즉 사랑이 담긴 시선으로 사물을 바라볼 것이다. 어디에나 존재하면서 전지전능한 것이 신의 본성이므로, 이 세상에 존재하는 모든 것이 신의 사랑이라는 걸 믿는다. 신의 사랑이 나를 에워싸고, 내 앞길을 인도하며, 나를 위해 길을 평탄하게 다듬어준다. 나는 세상의 사랑을 받는 자이므로 세상은 지금도 그리고 앞으로도 영원히 애정을 담아 날 보살필 것이다. 뭔가가 필요하면 나를 창조한 전능한 힘에 의지한다. 내게 필요한 걸 요청하고, 그게 완벽한 시공간적 순서에 따라 내게 올 것을 알기에 받기 전부터 미리 감사한다.

내가 하는 모든 선택이
내게 완벽합니다

무엇이 당신에게 기쁨을 안겨주는가? 무엇이 당신의 마음을 노래하게 하는가? 내면을 들여다보라. 그리고 당신의 진정한 목적을 드러내는 방향으로 삶이 흐르고 있음을 믿어라.

당신은 정말 좋아하는 일을 발견할 것이고, 그 일을 했을 때 돈이 따라오고, 체중이 안정되며, 소화불량 문제가 사라진다는 걸 알게 될 것이다. 그러니 당신을 정말 행복하게 해주는 것을 찾아서 그것을 추구하라. 당신이 걸어온 길을 축복하고, 그 당시에는 그게 자신을 위한 완벽한 선택이었다는 걸 받아들여라.

이제 세상을 향해 팔을 벌리고 자신을 사랑스럽게 감싸 안으며, 당신 인생에 새롭고 신성한 질서를 펼칠 시간이다. 이때 당신이 할 수 있는 멋진 긍정 확언은 이것이다.

나는 삶의 과정을 신뢰한다. 내가 한 모든 선택은 내게 완벽한 선택이었다. 나는 안전하다. 이건 단지 변화일 뿐이다. 과거를 사랑스럽게 놓아주고, 이제 내게 깊은 성취감을 안겨주는 새롭고 멋진 커리어를 쌓자. 언제나 그럴 것이다!

오래전의 일이다. 이제 막 새로운 일을 시작하려는 청년이 잔뜩 긴장하고 있었다. 나는 그에게 "당신이 잘하지 못할 리가 없잖아요, 당연히 성공할 거예요. 마음을 열고 재능이 흘러나가도록 하세요. 회사, 함께 일하는 동료들, 상사나 고용주, 그리고 모든 고객을 애정을 담아 축복하면 모든 일이 잘 될 거예요."라고 말했던 기억이 난다. 그는 내 말대로 했고 큰 성공을 거두었다.

직장을 그만두고 싶으면, 그 자리에서 일하게 되는 걸 기뻐할 다음 사람에게 당신의 현재 자리를 사랑으로 넘겨주겠다는 긍정 확언을 시작하라. 세상에는 당신이 그만두려는 바로 그 일자리를 찾는 사람들이 있다는 것, 그리고 당신과 그들은 지금도 인생이라는 장기판 위에서 함께 움직이고 있다는 걸 알아야 한다.

나는 내 차를
사랑합니다

운전은 내게 안전하고 즐거운 경험이다. 나는 내 차를 잘 돌보고, 내 차는 나를 잘 돌봐준다. 내 차는 내가 원할 때면 언제든 움직일 준비가 되어있다. 내 차를 좋아하는 완벽한 정비사도 있다. 차에 탈 때마다 사랑으로 차 안을 가득 채우기 때문에, 언제나 사랑이 나와 함께 여행을 다니는 셈이다. 함께 여행을 다니는 도로 위의 다른 운전자들에게도 사랑을 보낸다. 사랑은 나보다 한발 앞서 가서, 목적지에서 나를 맞을 것이다.

나는 내 생각과 세상을
바꿀 힘이 있습니다

진실하게 사는 사람들이 세상을 바꾼다. 우리 존재의 진실은 무조건적인 사랑으로 가득 차있다는 것이다. 우리는 믿을 수 없는 기쁨으로 가득 차있다. 고요한 평화도 가득하다. 우리는 무한한 지혜와 연결되어 있다. 우리가 할 일은 그 사실을 알고 그에 따라 살아가는 것이다.

오늘의 우리는 정신적으로 내일을 준비하고 있다. 우리가 하는 생각과 말, 우리가 받아들이는 믿음이 우리의 미래를 만든다. 매일 아침 거울 앞에 서서 자신에게 다음과 같이 긍정 확언한다.

나는 무조건적인 사랑으로 가득 차 있으며, 오늘 그 사랑을 표현할 것이다.
나는 기쁨으로 가득 차있으며, 오늘 그 기쁨을 드러낼 것이다.
나는 평화로 가득 차있으며, 오늘 그 평화를 남들과 나눌 것이다.
나는 무한한 지혜로 가득 차있으며, 오늘 그 지혜를 실천할 것이다.
이것이 나에 관한 진실이다.

내가 나라서
좋습니다

나는 신의 존재와 권능이 나와 일체화되어 있음을 느낀다. 내가 원하는 모든 것의 근원은 내 안에 있는 신의 능력임을 안다. 나의 모든 필요를 충족시키기 위해 자신 있게 그의 이름을 부른다. 모든 진실을 알고 있는 신의 표현을 무조건적으로 사랑한다. 나는 신의 행복한 동반자로 살아가면서 내가 지닌 선함을 즐겁게 표현한다. 영혼에 대한 나의 지혜와 이해력이 높아지고, 매일매일 내 진실한 존재의 내적 아름다움과 힘을 더 완벽하게 표현한다.

내가 하는 경험에는 항상 신의 질서가 존재하며, 내가 선택한 모든 일을 할 수 있는 시간이 충분하다. 다른 사람을 대할 때는 언제나 지혜와 이해심과 사랑을 표현하고, 내가 하는 말은 신의 인도를 받는다. 일할 때 역시 영혼의 창조적인 에너지를 활용해서 깊은 이해와 지혜를 통해 진리의 말을 손쉽게 건넬 수 있다. 즐겁게 표현할 수 있는 재미있고 고양된 아이디어가 내 의식 속을 흐르며, 이때 얻은 아이디어를 끝까지 완전하게 표현할 수 있다.

내가 인생에 예스라고 말하면,
인생도 내게 예스라고 말합니다

루이스를 떠올리며_글 : 로버트 홀든

"내가 한 일은 내면의 소리에 귀를 기울이고 승낙한 것뿐이에요."
루이스가 작가 겸 교사로 활동한 자신의 경력을 되돌아보며 한 말
이다. "책을 쓸 생각은 전혀 없었어요. 내 첫 번째 책인《힐 유어
바디(Heal Your Body)》는 그냥 여러 가지 내용을 편집해놓은 목록
일 뿐이에요. 그런데 누군가 그걸 책으로 만들자고 제안하기에 그
러자고 했죠. 책을 어떻게 출판해야 하는지 전혀 몰랐지만, 도중
에 도움의 손길이 나타났어요. 그냥 작은 모험이었을 뿐이에요."
자신의 작은 모험이 베스트셀러가 되고 출판계에서 벌어진 자기
계발서 혁명의 기폭제가 되리라는 사실을 그녀는 전혀 몰랐다.

강연에 관한 루이스의 이야기도 이와 비슷하다. "누군가 강연을
해달라고 초청하기에 그러겠다고 했죠. 무슨 말을 해야 할지 전혀
몰랐지만 강연 요청을 수락하자마자 길을 안내받는 듯한 기분이
들었답니다." 처음에는 강연 요청, 그다음에는 워크숍, 그리고 결
국 헤이라이드(Hayrides)로 이어졌다. 그 어디에도 대단한 마케팅
계획 같은 건 없었다. 오프라 윈프리 쇼나 필 도나휴 쇼에 출연하
는 걸 목표로 삼지도 않았다. "그냥 내 마음이 움직이는 대로 따라
갔을 뿐이에요." 루이스의 말이다.

나를 사랑하고 받아들이면
다른 사람을 사랑하기도 쉬워집니다

우정을 다지기 위한 긍정 확언

문제가 많은 친구들만 끌어들이는

내 안의 패턴을 기꺼이 버릴 것이다.

나는 나를 사랑하고 인정하며, 자석처럼 친구들을 끌어당긴다.

내가 가꾼 우정은 모두 성공적이다.

나는 사랑스럽고 자상한 친구다.

나는 나를 믿고, 삶을 믿고, 내 친구들을 믿는다.

나 자신을 사랑하고 받아들이면 다른 사람도 쉽게 사랑할 수 있다.

내가 실수를 저질러도 친구들은 나를 도와줄 것이며,

나는 그런 지원을 받을 자격이 있다.

친구들은 다정하고 언제나 날 지지해준다.

내 친구들과 나는 자유롭게 본연의 모습을 드러낼 수 있다.

나의 사랑과 타인을 받아들이는 태도가 오래도록 지속되는 우정
을 만든다.

나는 가르칠 수 있고,
배울 수 있고, 변할 수 있습니다

내가 존재하는 무한한 삶 속에서는

모든 것이 완벽하고 온전하게 갖춰져 있다.

나는 이제 차분하고 객관적인 시선으로

내 낡은 패턴을 바라보면서

기꺼이 변화를 이룰 것이다.

나는 가르칠 수 있고, 배울 수 있다. 그리고 기꺼이 변화할 것이다.

나는 이 일을 즐기기로 했다.

놓아줘야 할 다른 걸 발견하면

마치 보물을 찾은 것처럼 반응하기로 했다.

나 자신이 순간순간 변하는 모습을 보고 느낀다.

더 이상 생각이 나를 지배하지 않는다.

내가 바로 이 세상의 힘이다. 나는 자유로워지기로 했다.

나의 세계에서는 만사가 순조롭다.

나를 많이 사랑할수록
인생의 사랑을 더 크게 받습니다

루이스를 떠올리며_글 : 로버트 홀든

"인생은 항상 우리를 사랑하려고 하지만, 그걸 느끼려면 마음을 열어야 해요." 루이스가 내게 말했다.

"어떻게 해야 항상 열린 마음을 유지할 수 있을까요?" 내가 물었다.

"스스로를 사랑하면 돼요. 스스로를 사랑하는 게 인생이 우리를 사랑하게 하는 비결이죠. 부족한 자기애를 다른 사람에게 투영할 경우, 그들이 날 충분히 사랑하지 않는다고 비난하게 되고, 세상이 나한테 불친절하다고 느끼게 되거든요." 루이스가 설명했다.

"'투영이 인식을 만든다'는 얘기군요." 내가 《기적 수업》의 한 구절을 인용하며 답했다.

"그렇죠. 두려움이 보여주는 세상과 사랑이 보여주는 세상은 달라요. 어떤 세상이 진짜인지 판단해야 해요. 그리고 어떤 세상에서 살고 싶은지도 결정해야 하고요." 루이스의 말이다.

모든 문제에는
해결책이 있습니다

해결책이 없는 문제는 없다. 답이 없는 질문은 없다. 눈앞에 나타
나는 모든 불화에 대해 신성한 해결책을 찾기 위해서는 문제 그
너머를 들여다봐야 한다. 싸움이나 혼란이 발생하면 거기서 교훈
을 얻어야 한다. 비난을 삼가고 내면을 향해 돌아서서 진실을 찾
는 게 중요하다. 그리고 그런 상황을 만드는 데 일조한 우리 의식
속의 패턴을 기꺼이 놓아버려야 한다.

더 고귀한 힘이
작용한다고 믿습니다

나는 내가 신의 존재 및 권능과 하나라는 것을, 그리고 내 안에 영적 지혜와 이해가 존재하기에 언제나 신성한 인도를 받는다는 것을 오래전에 깨달았다. 모든 별과 행성이 완벽한 궤도에 있는 것처럼, 나 역시 신성하고 올바른 질서 안에 존재한다. 인간의 제한적인 정신으로는 모든 걸 이해하지 못할 수도 있지만, 범우주적인 차원에서 볼 때 내가 적절한 시기에 적절한 장소에서 올바른 일을 하고 있다는 걸 안다. 내가 지금 하는 경험은 새로운 인식과 기회를 얻기 위한 디딤돌이다.

나는 성공적인 경력을
쌓을 자격이 있습니다

자신의 직업을 좋아하지만 충분한 보수를 받지 못한다고 느낀다면, 현재의 봉급을 사랑으로 축복하기 시작하라. 자신이 이미 가지고 있는 것에 감사를 표하면 그것은 더 늘어날 수 있다. 더 큰 번영을 향해 의식을 열고, 그 번영의 일부가 봉급 인상을 통해 다가올 것이라고 긍정 확언하라. 당신이 봉급을 더 받을 자격이 있는 것은 부정적인 이유 때문이 아니라, 당신이 회사의 큰 자산이기 때문이라고 긍정 확언하라. 일할 때는 항상 최선을 다해야 한다. 그러면 세상은 당신이 지금 있는 곳을 떠나 더 좋은 다음 장소로 옮겨갈 준비가 되었다는 걸 알게 될 것이다.

당신이 지금 그 자리에 있는 이유는 의식이 거기로 데려다 놓았기 때문이다. 의식은 당신을 계속 그 자리에 머물게 할 수도 있고 더 나은 위치로 끌어올릴 수도 있다. 그건 전부 당신에게 달렸다.

사랑으로 수입을 축복하면,
수입이 점점 늘어날 것입니다

내 수입은 내게 안성맞춤이다. 매일 나를 조금씩 더 사랑하면, 그 과정에서 새로운 수입의 가능성이 열려있음을 알게 된다. 번영은 다양한 형태와 경로를 통해 찾아온다. 어떤 제한도 제약도 없다. 어떤 사람은 고정적인 수입으로 생활하는 것을 당연시하면서, 수입이 늘어나는 걸 제한하기도 한다. 하지만 누가 수입을 그 수준에 고정시켰을까? 이 세상은 무한히 존재하고, 우리가 버는 수입은 전부 거기에서 나온다. 내가 현재 벌어들이는 수입은 내 신념과 자격을 반영한다. 이건 거저 얻는 것과는 다르다. 내게 주어지는 걸 받아들이도록 스스로 허락하는 것이다. 나는 나를 위해 건전한 수입 흐름을 받아들일 것이다.

매일 일을 하며
기적을 경험합니다

사랑으로 축복하는 건 어떤 업무 환경에서든 사용할 수 있는 강력한 도구다. 사무실에 도착하기 전에 미리 그곳에 사랑을 보내라. 사무실에 있는 모든 사람과 공간, 사물을 사랑으로 축복하는 것이다. 문제가 있는 부분도 사랑으로 축복할 수 있다. 어떤 사람이나 상황이 떠오를 때마다 긍정 확언을 반복한다. 그 상황과 관련해 마음속에 쌓인 부정적인 에너지를 없앤다. 그러면 생각하는 것만으로도 경험을 바꿀 수 있다.

나는 내 업무 환경 및 그곳에 있는 모든 이들과
완벽한 조화를 이루고 있다.
나는 늘 화목한 환경에서 일한다.
나는 모든 사람을 존경하고 존중하며,
그들도 나를 존경하고 존중한다.
나는 사랑으로 이 상황을 축복하며
모든 관계자가 최선의 결과를 얻으리라는 걸 안다.
또한 나는 사랑으로 축복받으며 최고의 이익을 얻을 것이다.

끊임없이 변화하는 삶의 흐름 속에서 안전함을 느낍니다

나를 찾아온 이들과 개인 상담을 하다 보면, 가끔 자신의 한계를 옹호하는 이들이 있다. 그들은 항상 이런저런 이유를 들며, 자기가 꼼짝 못하는 상황이라는 걸 내가 알아주기를 바랐다. 그렇게 자기가 갇혀있다고 생각하면서 그 사실을 인정한다면, 그 사람은 갇혀있는 것이 맞다. 그리고 자신의 부정적인 믿음이 충족되었으므로 계속 거기에 '갇혀있게' 된다.

내 강연을 듣고 목숨을 구했다고 말하는 이들이 많다. 하지만 세상의 어떤 책이나 영상도 당신을 구할 수 없다는 걸 깨달았으면 좋겠다. 내가 당신에게 여러 가지 아이디어를 줄 수는 있지만, 당신이 그 아이디어로 뭘 하는지가 중요하다. 예를 들어 특정한 영상을 한 달 이상 계속 보면서 거기서 제시한 아이디어가 새로운 습관 패턴으로 자리 잡도록 하는 식으로 말이다. 나는 당신의 치유자나 구세주가 아니다. 당신의 삶에 변화를 줄 수 있는 사람은 자신뿐이다.

이건 생각일 뿐이고, 생각은 언제든 바뀔 수 있습니다

우리가 지금까지 살면서 경험한 모든 사건은 과거에 품은 생각과 신념을 통해 만들어진 것이다. 이는 당신이 어제, 지난주, 지난달, 작년, 10년, 20년, 30년, 40년 혹은 (당신이 몇 살이냐에 따라) 그 이전에 했던 생각과 말에 영향을 받았다는 의미다.

하지만 그건 과거의 일이다. 이제 완전히 끝났다. 지금 중요한 건 우리가 이 순간 무엇을 생각하고 믿고 말하느냐다. 이런 생각과 말이 우리의 미래를 창조하기 때문이다. 우리가 가진 힘의 중심축은 현재에 있으며 이것이 내일과 다음 주, 다음 달, 내년의 경험을 만든다.

자신이 지금 무슨 생각을 하는지 느낄 수 있을 것이다. 부정적인 생각인가, 긍정적인 생각인가? 그 생각이 나의 미래를 만들길 바라는가?

나는 오늘 멋지고
새로운 미래를 시작합니다

우리는 삶이 어떻게 돌아가는지 배우고 있다. 이건 컴퓨터를 배우는 것과 비슷하다. 컴퓨터를 처음 사면 기본적인 프로세스를 배우게 된다. 그리고 그 정도만 해도 벌써 컴퓨터는 기적 같은 기능을 발휘한다. 하지만 보다 다양한 사용법을 배우면 컴퓨터가 당신을 위해 해줄 수 있는 일이 훨씬 많아진다. 인생도 마찬가지다. 인생이 작동하는 방식을 많이 배울수록 놀라운 성과를 더 많이 올릴 수 있다.

긍정 확언 : 삶에는 리듬과 흐름이 있고 나는 그 일부다. 인생은 나를 지지하면서 행복하고 긍정적인 경험만 안겨준다. 나는 삶의 과정이 내게 최고의 이익을 안겨줄 것이라고 믿는다.

매일 모든 면에서
더 건강해진다고 느낍니다

우리는 평소 먹는 음식이나 건강과 관련해 자신만의 생각과 습관
이 있다. 이때 건강한 식습관을 통해 건강을 유지할 수 있다고 믿
으면, 올바른 정보와 도움을 얻게 될 것이다. 반면에 어떤 부분이
너무 힘들다거나 시간이 많이 걸린다거나 하기 힘들다고 여긴다
면, 이 역시 우리의 삶과 습관에 반영될 것이다. 할 수 있다고 믿으
면 그 방법도 알게 된다.

내 몸이 건강을 유지해줘서 고맙다.

나는 힘들이지 않고 손쉽게 건강을 지키고 있다.

난 치유되었고 완전하다.

난 치유될 가치가 있는 사람이다.

내 몸은 스스로 치유할 줄 안다.

매일 모든 면에서 더 건강해진다고 느낀다.

나는 영양가 있고 맛있는 음식을 고르는 걸 좋아한다.

내 몸은 끼니마다 내가 선택한 완벽한 음식을 좋아한다.

건강한 식사를 준비하는 건 즐겁다.

난 그럴만한 가치가 있는 사람이다.

몸에 좋은 음식을 먹으면서

내 몸과 마음에 앞날을 위한 자양분을 공급한다.

오늘의 나에게
만족합니다

인생의 진정한 목표 중 하나는 기분이 좋아지는 것이다. 우리가 돈을 원하는 것도 기분이 좋아지기 위해서다. 건강을 원하는 것도 기분이 좋아지기 위해서다. 원만한 관계를 원하는 것도 그러면 기분이 좋아지리라고 생각하기 때문이다. 그리고 기분이 좋아지는 걸 목표로 삼으면 불필요한 일들을 많이 줄일 수 있다. 지금 이 순간 어떻게 해야 정말 기분이 좋아질까? 지금 당장 어떤 생각을 하면 기분이 좋아질까? 이것이 우리가 계속해서 스스로에게 던져야 하는 질문이다.

내 몸에는 독특한 창조적 재능과 능력이 흐릅니다

내가 존재하는 무한한 삶 속에서는
모든 것이 완벽하고 온전하게 갖춰져 있다.
내 몸에 흐르는 독특한 창조적 재능과 능력이
더없이 만족스러운 방법으로 표현되고 있다.
이 세상에는 나를 필요로 하는 사람이 너무 많다.
모두가 나와 일하기를 원하므로,
하고 싶은 일을 고를 수 있다.
나는 만족스러운 일을 하면서 많은 돈을 번다.
내 일은 기쁨이자 즐거움이다.
내 세상에서는 만사가 순조롭다.

나는 사랑할 가치가
있습니다

성적 취향 포용을 위한 긍정 확언

내 성적 취향을 탐색하는 건 안전한 일이다.

나는 내 욕망을 즐겁고 자유롭게 표현한다.

신이 내 성적 취향을 만들고 인정해줬기에,

나와 내 성적 취향을 사랑하고,

안전하게 나에 대한 사랑을 드러낼 수 있다.

나는 내 몸을 온전히 즐기도록 허락하고,

제한적인 믿음을 뛰어넘어 내 모습을 전적으로 받아들인다.

어떤 상황에서든 내 본모습을 드러내도 안전하다.

내 성적 취향은 멋진 선물이다.

나는 사랑할 가치가 있다.

나는 이제
내 인생을 책임지고 있습니다

길을 잃은 듯 외롭거나 세상에서 거부당하고 있다고 느끼는 이들이 많다. 어쩌면 우리는 그동안 내면의 아이를 꾸짖거나 비판하는 식으로만 접촉해왔는지도 모른다. 그러면서 왜 자기가 불행한 걸까 의아해하는데, 자신의 일부를 거부하면서 내면과 조화를 이루는 건 불가능한 일이다.

　일단 내면의 아이와 손을 잡고 며칠 동안 어디든 함께 다니는 모습을 상상해보라. 얼마나 즐거운 경험을 할 수 있는지 보라. 바보같이 들릴지도 모르지만 한 번 시도해보기 바란다. 정말 효과가 있다. 자신과 내면의 아이를 위해 멋진 삶을 그려보면 세상이 반응할 것이고, 내면의 아이와 어른이 된 당신을 치유할 방법을 찾게 될 것이다.

　긍정 확언: 나는 내면의 아이를 사랑한다. 나는 이제 내 인생을 책임지고 있다.

내 몸의 지혜에
귀를 기울입니다

고통은 몸의 통증, 긁힌 상처, 찧은 발가락, 멍, 충혈, 수면 장애, 메스꺼움, 불쾌감 등 다양한 형태로 나타난다. 고통은 우리에게 뭔가를 알리려고 한다. 고통은 우리의 주의를 끌려고 몸이 흔드는 붉은 깃발과 같으며, 우리 삶에 뭔가 잘못된 부분이 있다는 걸 알리기 위한 마지막 수단이다.

　우리는 고통을 느끼면 어떻게 할까? 대개 병원이나 약국으로 달려가 약을 먹는다. 하지만 이런 방법을 쓰고 끝내는 건 우리 몸을 향해, "닥쳐! 네 말은 듣고 싶지 않아!"라고 말하는 것이나 마찬가지다.

　자기 몸에서 벌어지고 있는 일에 관심을 기울여야 한다. 근본적으로 우리 몸은 건강하기를 바라고, 그러려면 우리의 협조가 필요하다. 모든 통증은 우리 의식에 잘못된 생각이 들어왔다고 알려주는 신호이다. 자신의 믿음이나 말, 행동, 생각의 어느 부분인가에 우리가 최선의 이익을 얻는 데 도움이 되지 않는 면이 있는 것이다. 나는 항상 몸이 "제발 집중 좀 해줘!"라면서 나를 잡아당기는 모습을 상상한다. 고통이나 질병 뒤에 숨겨진 정신적 패턴을 발견하면 미러 워크를 통해 그 패턴을 바꾸고 질병을 차단할 기회가 생긴다.

나를 성장시키지 않는 믿음을
버리겠습니다

중독적인 행동에 대처할 때는 자신에 대한 사랑과 인정, 삶의 과정에 대한 신뢰, 자신의 정신적 강인함을 알고 안전함을 느끼는 것 등이 매우 중요하다. 뭔가에 중독된 사람들을 접해본 경험에 따르면, 그들은 대부분 심한 자기혐오를 느낀다. 스스로를 용서하지 않고 매일 자신에게 벌을 준다. 왜 그럴까? 어릴 때부터 자기가 가치 없고 나쁜 사람이므로 벌을 받아야 한다는 생각을 해왔기 때문이다. 어릴 때 겪은 신체적, 정서적, 성적 학대가 그런 자기혐오의 원인이 된다.

꼭 심각한 중독이 아니더라도, 특정 대상에 쉽게 빠져들고 벗어나기 힘들어하는 등 중독 경향이 높은 경우도 마찬가지다. 그들은 과거를 놓아주고 인생 과정을 신뢰하는 걸 매우 두려워한다. 세상은 우리를 '해치려고' 하는 사람과 상황으로 가득한 안전하지 않은 곳이라고 믿기 때문이다. 안타깝게도 그 믿음은 현실이 된다.

자신을 돕거나 성장시키지 않는 생각과 믿음을 기꺼이 버리겠는가? 그럼 당신도 이 여정을 계속할 준비가 된 것이다.

내 삶에서 모든 부정적인 중독을 없애겠습니다

나는 삶과 하나이고 모든 삶은 나를 사랑하고 지지해준다. 그래서 나는 높은 자존감과 자부심을 안고 살아간다. 나는 모든 면에서 날 사랑하고 인정한다. 나는 내 부모와 다르고 그들이 갖고 있던 중독적인 패턴도 내게는 없다. 내 과거가 어떠했든, 지금 이 순간에는 모든 부정적인 자기 대화를 없애고, 나 자신을 사랑하고 인정하기로 했다. 나는 나만의 고유한 자아이며 내 모습을 기쁘게 받아들인다. 나는 사랑스럽고 괜찮은 사람이다. 이것이 내 존재의 진실이며, 나는 이 모습을 있는 그대로 받아들인다. 내 세상에서는 만사가 순조롭다.

용서는 내가
나에게 주는 선물입니다

용서하라는 얘기를 들었을 때, 누가 머릿속에 떠오르는가? 절대 잊지 못하거나 용서하지 않을 것이라고 다짐했던 사람이나 경험이 있는가? 무엇 때문에 계속 과거에 얽매이는가?

용서를 거부하며 과거에 매달리게 되면, 현재에 집중하는 게 불가능하다. 온전히 현재에 집중해야만 미래를 만들어갈 수 있다. 용서는 내가 나에게 주는 선물이다. 용서는 우리를 과거와 과거의 경험, 과거의 관계로부터 자유롭게 해준다. 그리고 현재를 살 수 있게 해준다. 자신을 용서하고 남을 용서해야 진정으로 자유로워진다.

용서를 통해, 우리는 엄청나게 자유로운 기분을 느끼게 된다. 고통스러운 경험을 참았던 나, 그런 경험에서 벗어날 만큼 본인을 사랑하지 않았던 나를 용서해야 할 때가 종종 있다. 그러니 나를 사랑하고, 나를 용서하고, 남을 용서하면서 현재에 머물러라. 마음의 문을 활짝 열어야 오랫동안 묵은 비통함과 고통을 내려놓을 수 있다. 사랑의 공간에서 온 당신은 언제나 안전하다. 과거의 모든 경험을 용서하라. 당신은 자유롭다.

내게 필요한 모든 것이
완벽한 시기에 찾아옵니다

내가 알아야 할 게 있다면 내 앞에 나타날 거라고 믿고 있기에, 항상 눈과 귀를 열어두려고 노력한다. 암에 걸렸을 때 발 반사요법사가 많은 도움이 될 거라고 생각했던 기억이 난다. 어느 날 저녁에 강연을 들으러 갔는데, 자리에 앉자마자 발 반사요법사가 내 옆에 앉았다. 우리는 이야기를 나누기 시작했고, 그가 집으로 왕진도 와준다는 걸 알게 되었다. 나는 그를 찾을 필요도 없었다. 그가 먼저 내게 다가왔다.

또한 나는 내게 필요한 건 뭐든지 완벽한 시공간 순서에 따라 얻게 될 거라고 믿는다. 살다가 뭔가가 잘못되면, 곧바로 이렇게 생각한다. 모든 게 다 괜찮아, 전부 괜찮을 거란 걸 알아. 이것도 교훈이고 경험이니까 곧 지나갈 거야. 여기에도 내 최고의 이익을 위한 뭔가가 있을 거야. 다 잘 될 거야. 그냥 숨 쉬어. 괜찮아. 이렇게 최선을 다해서 마음을 가라앉히면 무슨 일이든 이성적으로 생각할 수 있고, 당연히 뭐든지 헤쳐 나갈 수 있다. 시간이 조금 걸릴 수도 있지만, 때로는 큰 재앙처럼 보이던 일이 실은 꽤 좋은 일로 판명되거나 적어도 처음 생각했던 것만큼의 재앙은 아닌 것으로 밝혀지기도 한다. 모든 사건이 학습 경험이 된다.

나는
순수한 영혼입니다

나는 내면의 별을 좇으면서 나만의 독특한 방식으로 반짝이고 빛난다. 나는 매우 소중한 존재다. 나는 아름다운 영혼과 육신, 성격을 지니고 있다. 하지만 그중에서도 가장 중심이 되는 건 내 영혼이다. 영혼은 영원한 나의 일부분이다. 항상 그래왔고 앞으로도 그럴 것이다. 내 영혼은 다양한 성격을 지녀왔고 앞으로 그런 성격은 더 늘어날 것이다. 내 영혼은 상처받거나 파괴될 수 없다. 삶의 경험들을 통해서 오직 풍요로워질 수만 있다. 인생에는 내가 이해할 수 있는 것보다 훨씬 많은 일들이 일어나고, 모든 답을 다 알 수는 없을 것이다. 하지만 삶이 어떻게 작용하는지 이해할수록, 내가 활용할 수 있는 힘은 더 늘어날 것이다.

오늘은 내 내면의 아이를
돌보는 날입니다

내면의 아이를 잘 보살펴라. 겁에 질린 건 그 아이다. 아픈 것도 그
아이다. 어찌할 바를 모르는 것도 그 아이다. 아이 곁에 있어줘야
한다. 아이를 껴안고 사랑해주고, 아이의 욕구를 채워주기 위해
할 수 있는 일을 하라. 무슨 일이 있어도 항상 곁에 있을 거라는 걸
아이에게 알려줘야 한다. 당신은 내면의 아이를 절대 외면하거나
버리지 않을 것이다. 항상 그 아이를 사랑할 것이다.

나를 사랑하는 데 방해가 되는 것들을 기꺼이 놓겠습니다

Jun 23

루이스를 떠올리며_글 : 로버트 홀든

한 강연회에서, 많은 이들이 루이스에게 미러 워크를 하는 동안 저지르는 일반적인 실수가 무엇인지 질문을 던졌다. "가장 큰 실수는 미러 워크를 하지 않는 거예요!" 루이스는 이렇게 대답했다. "시도도 해보지 않고 지레 효과가 없을 거라고 짐작하면서 미러 워크를 하지 않는 사람들이 너무 많거든요." 그리고 일단 시작한 뒤에도 미러 워크 과정에서 생기는 자기비판 때문에 싫어하는 경우가 종종 있다고 했다. "당신 눈에 보이는 결점은 당신 존재의 진실이 아니에요." 루이스는 설명했다. "비판하면 결점이 보이고, 사랑하면 자신의 본질을 보게 되죠."

그리고 미러 워크를 할 때 자주 생기는 장애물이 뭔지 묻는 질문에 대해서는 이렇게 답했다. "미러 워크는 이론상으로는 효과가 없어요. 실제로 실행했을 때만 효과가 있죠." 다시 말해 미러 워크의 비법은 그걸 실행하는 것, 그리고 꾸준히 계속해 나가는 것이다. 루이스에게 아직도 거울을 들여다보는 게 힘든 날이 있느냐고 묻자, "그럼요. 그런 날에는 기분이 나아질 때까지 거울 앞에 머물러 있어야 해요."라고 대답했다.

사랑할 줄 몰랐던 나를 용서합니다

나는 비판이나 두려움, 죄책감, 원망, 수치심이라는 무거운 외투를 벗어 던질 때의 자유로운 느낌을 사랑한다. 그러면 나 자신과 타인을 용서할 수 있다. 이건 우리 모두를 자유롭게 한다. 나는 과거에 벌어진 문제에 대해 '집착'하는 것을 기꺼이 포기할 것이다. 이제 과거에 얽매이는 것을 거부한다. 그렇게 오래된 짐을 그토록 오랜 세월 짊어지고 살았던 나 자신을 용서한다. 나와 타인을 사랑할 줄 몰랐던 나 자신을 용서한다.

우리는 모두 자신의 행동에 책임을 져야 하며, 우리가 준 것을 인생은 다시 되돌려줄 것이다. 그러니 누구도 벌할 필요가 없다. 우리는 모두 자신의 의식이 만든 법칙에 따라 살아간다. 나는 내 마음속에서 남을 용서하지 못하는 부분을 정리하고, 그 자리에 사랑이 들어차도록 할 것이다. 이로써 나는 치유되고 완전해진다.

감사할수록 감사할 일이
너 많아집니다

감사하는 태도는 감사할 일을 더 많이 불러온다. 덕분에 풍요로운 삶이 증가한다. 감사하는 마음이 부족하거나 불평만 하면 기뻐할 일이 별로 생기지 않는다. 불평하는 사람은 항상 자기 인생에는 좋은 일이 거의 없다고 여기거나 현재 가진 것을 즐기지 않는다.

세상은 언제나 우리가 마땅히 받아야 한다고 생각하는 것을 우리에게 준다. 하지만 어릴 때부터 자기가 가지지 못한 것만 보면서 부족함을 느끼며 커온 이들이 많다. 자기에게는 모든 게 결핍되어 있다고 믿으면서 삶이 왜 이리도 공허한지 의아해한다. '난 가진 게 없고, …할 때까지는 행복해질 수 없을 것이다'라고 여긴다면 제대로 된 인생을 끊임없이 미루게 될 것이다. '난 가진 게 없고 행복하지 않다'는 말을 세상이 듣는다면, 계속 그런 상태가 유지될 것이다.

나는 지금까지 꽤 오랫동안 칭찬이나 선물을 받을 때마다 '기쁨과 감사의 마음으로 받는다'는 태도를 취했다. 세상이 이런 표현을 사랑한다는 걸 알기 때문이다. 덕택에 나는 계속해서 가장 멋진 선물을 받고 있다.

명상을 통해
내 몸의 균형을 바로잡습니다

명상할 때는 대개 눈을 감고 심호흡을 하면서 '내가 알아야 할 것은 무엇인가?' 라고 묻는다. 그리고 앉아서 귀를 기울인다. 또 '내가 무엇을 배워야 하는가?' 혹은 '여기서 얻을 수 있는 교훈은 무엇인가?' 라고 물을 수도 있다. 때로는 우리 삶의 모든 부분을 고쳐야 하는 경우도 있긴 하지만, 대개는 그 상황에서 뭔가를 배우기만 하면 될 때가 많다.

처음 명상을 시작했을 때는 3주 동안 심한 두통에 시달렸다. 명상 자체가 너무 생소했고 내가 평소에 하던 모든 내적 프로그래밍과 정반대였다. 하지만 꾸준히 계속하다 보니 결국 두통이 가라앉았다.

명상할 때 계속 부정적인 생각만 엄청 많이 떠오른다면 그건 생각할 필요가 있다는 뜻이고, 마음을 차분히 가라앉히면 그 생각이 표면으로 흐르기 시작할 것이다. 부정적인 생각이 풀려나가는 모습을 그냥 가만히 지켜보라. 그 생각과 싸우려고 하지 말아야 한다. 필요한 만큼 계속되도록 놔둔다. 명상할 때 잠이 들어도 괜찮다. 몸이 해야 할 일을 하게 하라. 그러면 적절한 때에 균형을 잡을 것이다.

내가 번창하는 것을
허락합니다

세상에는 무한한 에너지가 있다. 그걸 알아차리기 시작해야 한다. 시간을 내어 맑은 저녁 하늘에 보이는 별이나 한 움큼의 모래알, 나뭇가지 하나에 달린 잎, 창유리에 맺힌 빗방울, 토마토 한 알에 들어있는 씨를 보라. 씨앗 하나가 무한정 많은 토마토가 달린 덩굴을 만들어냄을 기억하라. 당신이 가진 것에 감사하면 그것이 증가한다는 걸 알게 될 것이다.

　나는 지금 내 삶 속에 있는 모든 것을 사랑으로 축복하는 걸 좋아한다. 내 집(온기, 물, 빛, 전화, 가구, 배관, 가전제품), 옷가지, 교통기관, 직업, 돈, 친구, 보고 느끼고 맛보고 만지고 걸으면서 이 놀라운 행성을 즐길 수 있는 능력까지.

　우리를 제약하는 건 결핍과 한계에 대한 우리의 믿음뿐이다. 어떤 믿음이 당신을 제한하고 있는가?

'받아들임'은 최고의 심리 치료 방법이다. 당신이 정말 받아들임에 대해 진지하고 그걸 날마다 연습할 의향이 있다면, 받아들임이 모든 장벽을 녹이는 데 도움이 된다는 걸 알게 될 것이다. 좀 더 마음을 열고 진정성 있게 받아들이겠다고 선언하기만 해도, 학습된 무가치함, 제대로 기능하지 못하는 독립성, 건전하지 못한 희생, 재정 불안, 그리고 모든 종류의 결핍을 치유하는 힘을 우리 내면에 활성화시킬 수 있다.

영적인 실천 방법으로 받아들임 일기를 쓰라고 권하고 싶다. 하루에 15분씩 앞으로 7일 동안 일기를 쓰면서, 마음을 열어 받아들이겠다는 의욕을 훨씬 더 강하게 키워보자. 받아들임 일기에 '인생이 지금 나를 사랑하는 한 가지 방법은…' 이라는 문장에 대한 답변을 열 가지 적는다. 이 답변은 고치면 안 된다. 그냥 자연스럽게 흘러가도록 한다.

오늘 내가 한 모든 일에
사랑을 전합니다

나는 삶과 하나이고 모든 삶은 나를 사랑하고 지지한다. 그러므로 나는 최고로 창의적인 생각을 해낼 수 있다. 내 근무 환경은 매우 만족스럽다. 나는 사랑과 감사와 존중을 받는다. 나는 내 부모가 아니며 그들의 업무 경험 패턴을 그대로 따르지도 않을 것이다. 나는 나만의 독특한 자아이고, 돈보다 훨씬 큰 만족감을 안겨주는 일을 선택했다. 일은 이제 나에게 기쁨이 되었다. 이것이 내 존재의 진실이며 그렇게 받아들인다. 내가 일하는 세상에서는 만사가 순조롭다.

중독에서 벗어나
자유로워집니다

중독에 대한 긍정 확언

내 안의 저항 패턴을 모두 놓아줄 것이다.

나는 인생 그 자체의 사랑과 지원을 받으며 자양분을 공급받는다.

나는 최선을 다하고 있다.

매일매일 모든 것이 더 쉬워진다.

나는 중독에 대한 욕구를 기꺼이 해방시킬 것이다.

나는 중독에서 벗어나 자유로워질 것이다.

나 자신과 내가 변화하는 방식을 인정한다.

나는 중독보다 강력하다.

이제 내가 얼마나 멋진지 알게 되었다.

나는 나를 사랑하고 즐기기로 했다.

살아가는 건 안전한 일이다.

나는 나 자신과 내가 변하는 방식을 인정합니다

내가 존재하는 무한한 삶 속에서는

모든 것이 완벽하고 온전하게 갖춰져 있다.

내 안의 저항 패턴은 전부 해소해야 하는 대상일 뿐이다.

그들은 날 지배할 힘이 없다.

나는 내 세계의 힘이다.

나는 내 인생에서 일어나는 변화와 함께

최선을 다해 흘러간다.

나는 나 자신과 내가 변하는 방식을 인정한다.

나는 최선을 다하고 있으며, 날이 갈수록 더 쉬워질 것이다.

내가 끊임없이 변화하는 삶의

흐름 속에 존재한다는 것이 기쁘다.

오늘은 멋진 날이다.

내가 그런 멋진 날을 만들었다.

내가 사는 세상에서는 만사가 순조롭다.

나는 내 삶을
치유합니다

루이스를 떠올리며_글 : 로버트 홀든

어느 날 오후, 루이스와 함께 발보아 공원을 산책하기로 했다. 일본식 정원 쪽으로 걸으며 그녀에게 얼마 전에 있었던 헤이라이드 행사가 어땠는지 물어봤는데, 그 행사는 루이스가 운영하는 에이즈 지원 단체 '헤이라이드' 설립 30주년을 기념하는 자리였다. 행사는 로스앤젤레스의 윌셔 이벨 극장에서 열렸다. 그 극장에는 옛 친구와 새로운 친구들로 가득했고, 그들은 그 자리에 참석하려고 세계 각지에서 찾아왔다.

그때 갑자기 누군가가 "헤이 선생님! 헤이 선생님!" 하고 외치는 소리가 들렸다. 고개를 들자 팔짱 낀 두 남자가 우리에게 손을 흔드는 모습이 보였다. 그들은 일본식 정원 입구에 서 있었는데, 우리를 향해 다가오면서 "헤이 선생님, 저 헤이라이더예요!"라고 말했다. 루이스와 그 남자는 울음을 터뜨렸고, 그들은 오랫동안 꼭 껴안고 있었다. 나는 나도 모르게 사진을 찍었던 것 같다. 루이스는 정말 행복해 보였다. 그 남자는 1988년에 자살을 결심하던 차에 헤이라이더 모임에 참석했다고 말했다.

"선생님이 제 인생을 치유해주셨어요." 남자가 말했다.

"아니요, 당신 인생을 치유한 건 당신 자신이에요." 루이스는 그렇게 대답했다.

내게 필요한 모든 평안과 지혜가
내 안에 있습니다

난 적어도 하루에 한 번은 조용히 앉아 내 내면으로 들어가, 언제나 그곳에 존재하는 지혜 그리고 지식과 연결된다. 이 지혜와 지식은 바로 내 안에 있다. 내가 평생 물어볼 모든 질문에 대한 답변이 그곳에서 나를 기다리는 것이다.

명상은 내게 기쁨이다. 조용히 앉아 심호흡을 몇 번 하면서 긴장을 푼 뒤, 내면에 있는 평화의 장소로 향한다. 그리고 잠시 뒤 상쾌하고 새로워진 기분으로 살아갈 준비를 마치고 현재 순간으로 돌아온다. 내 내면의 지혜에 귀를 기울이기로 한 뒤부터 매일 매일이 즐겁고 새로운 모험이다. 이 지혜는 언제나 이용할 수 있다. 그것은 시간과 공간, 변화하는 세상 뒤에 존재하는 본질에서 나온다. 그렇게 명상을 통해 내면 깊숙한 곳의 절대적 진리와 연결되는 순간, 내가 지금 이곳에 있는 영원한 존재임을 깨닫는다.

어릴 때 학대를 당해서 인생에 부정적인 시각을 품고 자라는 이들이 많다. (나도 학대받는 아이였다.) 이런 사람들은 자신을 좋아한다는 게 완전히 생소한 경험이기 때문에 그 기분을 두려워한다. 나는 구타와 학대를 당한 사람들이 끊임없이 분노와 억울함을 느낀다는 걸 안다. 그들은 보통 자존감이 낮고 자기가 '괜찮은 사람'이라고 느끼지 못한다. 그 결과, 근본적인 원인도 제대로 모르는 상태에서 문제를 일으킨다.

이제 자신을 용서할 시간이다. 내가 신이라고 믿는 세상의 위대한 지성은 이미 당신을 용서했으니, 이제 당신 차례다. 신의 시선으로 바라보면 우리는 모두 훌륭한 존재다. 물론 당신은 스스로를 벌하는 걸 그만둘 수도 있고, 아니면 계속해서 자기는 환경의 희생자라고 느낄 수도 있다. 그러니 지금 당장 긍정적인 확언을 하자. 나는 과거의 부정적인 사건들을 놓아줄 것이다. 나는 마음의 평화와 건강한 관계를 누릴 자격이 있는 사람이다. 나는 매일 내 삶 속에 사랑스러운 경험을 만든다. 고통과 죄책감을 느낄 때마다 "이 감정을 놓을 거야."라고 말하자. 그리고 이어서 "지금 이 순간 치유되고 있어."라고 말한다.

인생은 내게 필요한 걸
전부 줍니다

Jul.
5

오늘은 우리를 둘러싼 두려움을 해소하고, 인생이 우리를 돌봐준
다고 믿는 법을 배우자.

1. 지금 당신이 겪고 있는 가장 큰 두려움은 무엇인가? 접착식 메
   모지에 적어서 거울 왼쪽에 붙여둔다. 이 두려움을 인정하고
   이렇게 말한다. 날 보호해주고 싶은 거 알아. 날 도와주려고 해
   서 고마워. 이제 널 보내줄게. 널 놓아줘도 난 안전할 거야. 그
   런 다음 메모지를 찢어서 쓰레기통에 버린다.
2. 다시 거울을 보면서 다음과 같은 긍정 확언을 반복한다. 나는
   나를 창조한 힘과 하나야. 나는 안전해. 내 세상에서는 만사가
   순조로워.
3. 우리는 두려움을 느낄 때 숨을 참는 일이 많다. 그러니 위협이
   나 두려움을 느낄 때는 의식적으로 숨을 쉬자. 심호흡을 몇 번
   해보자. 호흡은 우리의 힘인 내면의 공간을 열어준다. 척추를
   곧게 펴고 가슴을 벌리고 부드러운 마음의 공간을 넓혀준다.
4. 이렇게 하면서 다음 긍정 확언을 반복한다. 사랑해, [이름]. 널
   정말 사랑해. 나는 인생을 믿어. 인생은 내게 필요한 걸 전부
   주니까. 두려워할 것 없어. 나는 안전해. 모든 게 잘 될 거야.

내 존재의 중심 깊은 곳에는
무한한 사랑의 샘이 있습니다

나는 사랑에 마음을 연다.

사랑을 표현하는 건 안전한 일이며,

지금 나는 안심할 수 있는 안전한 상태다.

나는 항상 내 인생에 완벽한 파트너를 가지고 있고,

멋지고 사랑스러운 관계를 마음을 열고 받아들인다.

내 존재의 중심 깊은 곳에는 무한한 사랑의 샘이 있다.

이 세상에 사랑만 존재한다는 걸 배우기 위해 여기에 왔으며,

나는 인생과 조화로운 관계를 맺었다.

내가 나눌 모든 사랑이 기쁘다.

나는
세상의 빛입니다

가슴 한가운데 깊숙한 곳을 들여다보면서 눈부시게 빛나는 예쁜 색의 아주 작은 점을 찾아보라. 정말 아름다운 색이다. 그것이 사랑과 치유 에너지의 중심이다. 그 작은 빛의 점이 진동하기 시작하는 것을 보라. 그 점은 진동하면서 점점 커져 당신의 가슴을 가득 채운다. 이 빛이 당신의 머리 꼭대기부터 손가락, 발가락 끝까지 온몸으로 움직이는 것을 보라. 당신은 이 아름다운 색채의 빛을, 사랑과 치유의 에너지를 발산하고 있다. 온몸이 이 빛으로 진동하게 하라. 그리고 자신에게 다음과 같이 말한다. 나는 숨을 쉴 때마다 점점 더 건강해진다.

그리고 당신에게서 나온 빛이 사방으로 뻗어 나가서 치유 에너지가 필요한 모든 이들에게 가 닿게 한다. 지구상에서 치유를 도와주고 싶은 장소를 한 곳 택한다. 멀리 떨어진 곳일 수도 있고 바로 근처일 수도 있다. 사랑과 빛과 치유 에너지를 그곳에 집중시키고 그곳이 균형과 조화를 이루는 것을 지켜보라. 전체를 봐야 한다. 우리가 나눠주는 것은 다시 곱절로 돌아온다. 당신의 사랑을 나눠라. 항상 그렇게 살아야 한다.

사랑을 많이 사용할수록
나눌 것이 많아집니다

내 존재의 중심에는 무한한 사랑의 샘이 있다.

나는 이제 이 사랑이 표면으로 흘러나오도록 한다.

사랑은 내 마음과 몸, 내 정신, 내 의식, 내 존재를 가득 채우고

모든 방향으로 발산되었다가

다시 몇 곱절로 늘어나 내게로 돌아온다.

사랑을 많이 사용하고 베풀수록 나눌 것이 더 많아진다.

그건 내면의 기쁨이 표현되는 것이다.

나는 자신을 사랑하므로 내 몸도 정성스럽게 잘 돌본다.

영양가 있는 음식과 음료수를 먹으면

내 몸은 넘치는 건강과 에너지로 사랑스럽게 응답한다.

나는 자신을 사랑하기 때문에

나를 위해 편안한 집을 마련한다.

이 집은 내 욕구를 모두 충족시키고, 그냥 있기만 해도 즐겁다.

나는 사랑의 진동으로 방을 가득 채운다.

나를 비롯해 이곳에 들어온 모든 이들이

이 사랑을 느끼고 여기서 자양분을 얻게 될 것이다.

세상이 다정하게
나를 돌봅니다

나는 나를 사랑한다. 그래서 정말 좋아하는 일을 한다.
이 일은 내 창의적인 재능과 능력을 이용하고,
내가 좋아하는 이들과 함께 일하면서
좋은 수입을 올릴 수 있는 직업이다.

나는 나를 사랑한다. 그래서 모든 이들을 다정하게 대하고 소중
히 여긴다.
내가 베푸는 것이 몇 곱절로 돌아온다는 걸 알기 때문이다.
내 세상에는 다정한 사람들만 초대한다.
그들은 내가 어떤 사람인지 보여주는 거울이기 때문이다.

나는 나를 사랑한다. 그래서 과거와 과거의 모든 경험을
용서하고 놓아준 뒤 자유로워졌다.
나는 나를 사랑한다. 그래서 현재를 온전히 살아간다.
모든 순간을 똑똑히 경험하면서
내 미래는 밝고 즐겁고 안전하리라는 걸 안다.
왜냐면 나는 세상의 총애를 받는 아이이고
세상은 지금, 그리고 앞으로도 영원히 다정하게 날 돌봐줄 것이
기 때문이다.

내 안에 있는
최고의 모습을 끌어낼 수 있습니다

당신이 언제나 매우 부정적인 시선으로 인생을 바라보는 비판적인 사람이었다면, 지금까지의 태도를 바꿔서 애정이 넘치는 수용적인 사람이 되는 데 시간이 걸릴 것이다. 그것은 자기 존재의 실제 모습이 아니라 습관일 뿐이며, 비판적 태도를 버리는 연습을 하는 동안 인내심을 배울 수 있다.

누구의 비판도 받지 않고 살 수 있다면 얼마나 멋질지 상상이 가는가? 더없이 편안하고 안락한 기분을 느낄 것이다. 모든 사람이 당신을 사랑하며 받아들일 테고, 누구도 당신을 비난하거나 깔아뭉개지 않으므로, 매일 아침 멋지고 새로운 날을 맞이하게 될 것이다. 자신을 독특하고 특별한 존재로 만들어주는 것들을 더 적극적으로 받아들이면, 나 자신에게 이런 행복을 안겨줄 수 있다.

어쩌면 자신과 함께 사는 경험이 상상할 수 있는 가장 멋진 경험이 될 수도 있다. 아침에 일어나 자신과 또 하루를 함께 보내는 기쁨을 누릴 수 있다. 있는 그대로의 나를 사랑하면 자동으로 내 안에 있는 최고의 모습을 끌어내게 된다.

무한한 가능성을 지닌
네 삶을 긍정합니다

루이스를 떠올리며_글 : 로버트 홀든

루이스는 본연의 자아가 지닌 의식을 '가능성의 총체'라고 설명한다. "이건 초기에 날 가르쳤던 에릭 페이스 선생님에게 배운 말이에요." 루이스는 이렇게 말했다. "40대 중반에 뉴욕의 종교과학교회에서 에릭을 처음 만났어요. 당시에 난 막 이혼한 상태였죠. 나 스스로 사랑스럽지 못한 사람이라고 느꼈고, 삶이 날 사랑하지 않는 것 같았어요. 이때 에릭은 생각을 바꾸면 인생을 바꿀 수 있다고 가르쳐줬어요. 판단, 비판, 두려움, 의심 같은 한계를 버릴 때마다 본래의 정신이 지닌 무한한 지성 속에 존재하는 가능성의 총체에 마음을 열게 된답니다."

그렇다면 본래의 정신은 어떻게 체험할 수 있을까? 여기 당신을 위한 멋진 탐구 방법이 있다. 다음 문장을 다섯 번 완성하면 된다. '나에 관한 판단을 줄였을 때 생길 수 있는 좋은 일은 …다.' 답변을 수정하거나 함부로 판단을 내려서는 안 된다. 본래의 정신이 자신에게 말을 걸 수 있게 허락하자. 가능성 속에 머무르자. 그리고 자신의 본질에 대한 기본적인 진실이 당신에게 영감을 주고 인도하게 하자.

Jul.
11

다시 내 삶의 주인이 되어
내 생각을 책임지겠습니다

대부분의 사람들은 마음속으로 끊임없이 불평하는 습관이 있다. 불평을 늘어놓을 때마다 그게 확언이 되는데, 이는 매우 부정적인 확언이다. 불평하면 할수록 불평할 것들이 늘어난다. 인생은 언제나 우리가 관심을 집중하는 것을 우리에게 준다. 자기 인생의 잘못된 부분에 집중할수록 더 많은 잘못을 찾아내게 될 것이다. 그리고 잘못을 찾아낼수록 더 비참해진다. 끝없는 악순환이다. 그러면 자꾸 인생의 희생양이 될 수밖에 없다.

그리고 이 순간 꼼짝달싹 못 하는 상황에 빠진 느낌이 든다. 이럴 때는 다시 자기 인생의 주인이 되어 자신의 생각을 책임져야 한다.

내가 하는 일을 사랑하면
돈이 찾아올 것입니다

어릴 때부터 생계를 위해 '열심히 일해야 한다'는 믿음을 갖게 되었다면, 이제 그 믿음을 버려야 한다. 좋아하는 일을 하면 돈이 따라올 것이다. 자기가 하는 일을 사랑해도 돈이 따라올 것이다. 당신은 돈 버는 걸 즐길 권리가 있다. 즐거운 활동에 참여하는 게 인생에 대한 당신의 책임이다. 즐기는 일을 할 수 있는 방법을 찾으면, 인생이 번영과 풍요로 가는 길을 보여줄 것이다. 대개 그 활동은 재미있고 즐겁다.

우리 내면의 지침은 절대로 '의무'를 부과하지 않는다. 인생의 목적은 노는 것이다. 일이 놀이가 되면 즐겁고 보람을 느낀다. 직장생활을 어떻게 꾸려갈 것인지 결정한 건 나 자신임을 기억하자. 그걸 이루기 위한 긍정적인 확언을 만들자. 그리고 그 확언을 자주 언급하자. 그러면 원하는 직장생활을 할 수 있다.

내 가족을 사랑으로
축복합니다

가족의 패턴을 극복하기 위한 긍정 확언

우리 가족을 사랑으로 축복하고,

다른 이들이 그들의 본모습으로 살아가도록 허락한다.

나는 나만의 결정을 내릴 수 있고,

내가 맺은 모든 관계는 사랑의 원에 에워싸여 있다.

나는 변화를 이루는 힘이 있다.

묵은 상처를 모두 잊고 나를 용서하며,

낡은 가족의 제약에서 벗어나

신성한 화합을 깨우친다.

내가 맺은 모든 관계는 조화롭다.

부모님의 어린 시절을 측은히 여기고,

그들을 비난하는 마음을 모두 버린다.

내면의 아이를
즐거이 지키겠습니다

어릴 때 환영받았는가? 부모님이 당신이 태어난 것을 진심으로 기뻐했는가? 그들은 당신의 성별에 만족했는가, 아니면 다른 성별의 아기를 원했는가? 어릴 때 사람들이 당신을 원한다고 느꼈는가? 당신이 태어났을 때 축하 파티가 열렸는가?

이 질문들에 어떻게 답했든 상관없이, 지금은 우리 내면의 아이를 환영해주자. 축하연을 열자. 이 새로운 삶으로 들어온 작은 아기를 환영하고 해줄 수 있는 멋진 말들을 다 해주자.

당신이 어릴 때 부모님이 항상 해주길 바랐던 말은 무엇인가? 꼭 듣고 싶었는데 부모님이 절대 해주지 않은 말은 무엇인가? 좋다, 내면의 아이에게 그 말을 해주자. 거울을 보면서 한 달 동안 매일 아이에게 말해보라. 그리고 무슨 일이 일어나는지 지켜보라.

이제 모든 상처와 원한을
털어냅니다

원망은 오랫동안 묻혀있던 분노다. 원한 때문에 발생하는 심각한 문제는 그것이 몸 안의 특정한 장소에 계속 머물러 있다가, 시간이 지나면 부글부글 끓어오르거나 몸을 침식해 종종 종양이나 암으로 변한다는 것이다. 그러므로 화를 억눌러 몸 안에 묶어두는 건 건강에 좋지 않다. 이제 그 감정을 털어버려야 한다.

우리 중에는 화내는 게 허용되지 않는 가정에서 자란 이들이 많다. 심지어 화를 내는 건 나쁜 일이라고 배웠다. 대개 가족 가운데 부모 이외의 다른 사람들에게는 분노가 허용되지 않았다. 그래서 우리는 분노를 표현하기보다 꾹 눌러 삼키는 법을 배웠다. 하지만 이제 그 감정을 붙들고 있는 사람은 바로 자신이라는 걸 깨달아야 한다. 그 외에는 아무도 관여하지 않는다.

애도 과정을
평온하게 받아들입니다

애도 과정이 끝나기까지는 적어도 1년 이상 걸린다. 필요할 때는 이 자연스럽고 정상적인 삶의 과정을 헤쳐 나갈 시간과 공간을 나에게 제공해야 한다. 자신에게 관대하게 대하면서 이 슬픔을 서서히 헤쳐 나갈 수 있도록 하자. 1년이 지나면 슬픔이 가라앉기 시작할 것이다.

나는 누군가를 소유한 적이 없기 때문에 그를 잃은 적도 없다. 게다가 눈 깜짝할 사이에 그 영혼과 다시 연결될 것이다. 나는 지금 사랑에 둘러싸인 기분이고, 그들이 어디에 있든 나도 사랑으로 그들을 감싼다. 누구나 죽는다. 나무, 동물, 새, 강, 심지어 별들도 태어났다가 죽는다. 나 또한 그렇다. 그 모든 것이 완벽한 시공간 순서에 따라 이루어진다.

모든 용서는
나를 사랑하는 일입니다

나는 삶과 하나이고 모든 삶은 나를 사랑하고 지지해준다. 그러
므로 나는 사랑으로 가득 찬 열린 마음을 갖고 있다. 다들 어느 순
간에나 최선을 다하고 있으며, 나 또한 마찬가지다. 과거는 이미
끝났다. 나는 내 부모와 다르고, 그들의 원망 패턴을 물려받지도
않았다. 나는 나만의 독특한 자아다. 나는 마음을 열고 사랑과 연
민, 이해심이 과거의 고통에 대한 기억을 모두 씻어내도록 했다.
나는 자유롭게 가능한 모든 것이 될 수 있다. 이것이 내 존재의 진
실이며 나는 그것을 받아들인다. 내 인생에서는 만사가 순조롭다.

나는 사랑과 수용의 세계에 살고 있습니다

이 세상과 우리 마음속에는 너무나도 많은 사랑이 존재하지만, 때로 그 사실을 잊어버릴 때가 있다. 사랑이 충분치 않거나 적은 양만 있다고 생각한다. 그래서 자기가 가진 걸 비축하려고 하거나 그걸 놓는 걸 두려워한다. 하지만 기꺼이 사랑을 배우려는 사람들은 자신에게서 더 많은 사랑이 흘러나갈수록, 내면에 더 많은 사랑이 쌓이고 더 많은 사랑을 받는다는 사실을 깨닫는다. 이것은 끝없이 무한한 흐름이다.

사랑은 실제로 존재하는 가장 강력한 치유력이다. 사랑이 없으면 우리는 살아남을 수 없었을 것이다. 어린 아기들에게 사랑과 애정을 주지 않으면 그들은 말라 죽는다. 사랑 없이도 살 수 있다고 여기는 이들이 많지만 실제로는 그럴 수 없다. 우리 자신에 대한 사랑은 우리를 치유하는 힘이다. 그러므로 매일 할 수 있는 한 최대로 사랑해야 한다.

모든 종류의 번영이
나를 찾아올 것입니다

Jul.
20

돈 문제에 두려움을 느끼는 건 어린 시절에 주입된 프로그래밍 때문이다. 내 워크숍에 참석했던 한 여성의 경우, 부유한 아버지가 항상 파산할까 봐 전전긍긍하며 돈이 사라지는 걸 두려워하는 모습을 보며 자랐다. 그 결과, 그녀는 보살핌을 받지 못할까 봐 두려워했다. 그녀의 아버지가 죄책감을 이용해 가족을 조종했기 때문이다.

어릴 때 품었던 믿음을 계속 지닌 채로 살아가는 이들이 많지만, 부모의 한계와 두려움을 뛰어넘어야 한다. 부모의 신념을 스스로 반복하는 걸 멈추고 돈과 재물을 가져도 괜찮다고 긍정적인 확언을 하기 시작해야 한다. 어떤 일이 있어도 내면의 힘이 언제나 우리를 돌봐줄 것이라고 믿는다면, 장차 더 많이 갖게 될 것이라는 확신이 있기에, 힘겨운 시기도 손쉽게 헤쳐 나갈 수 있다.

풍요로움이 나를 통해
자유롭게 흐릅니다

돈 걱정을 그만하고 청구서에 분노하지 않는 게 매우 중요하다. 청구서를 어떻게든 피해야 하는 벌칙처럼 여기는 이들이 많지만, 청구서는 우리의 지불 능력이 인정받는 과정이다.

　나는 우리 집에 날아오는 모든 청구서를 사랑으로 축복한다. 카드를 쓸 때마다 사랑으로 축복하면서 살짝 입을 맞춘다. 원한을 품은 채로 돈을 내면 그 돈은 되돌아오기 힘들다. 사랑과 기쁨으로 돈을 지불하면 자유롭게 흐르는 풍요의 물꼬가 트인다. 돈을 꾸깃꾸깃 접어서 쑤셔 넣는 물건으로 취급하지 말고 친구처럼 대해야 한다.

나는 나만의
완벽한 파트너입니다

당신은 지금 완벽한 파트너와 함께 있다. 바로 당신 자신 말이다. 당신은 이곳에 오기 전, 지금의 자기가 되겠다고 선택했다. 이제 자신과 평생을 함께 하게 되었으니 이 관계를 즐겨라. 생각할 수 있는 가장 바람직하고 사랑스러운 관계로 만들어라. 자신을 사랑하라. 자기가 선택한 육신을 사랑하라. 그건 당신과 평생 함께 할 것이다. 자신의 성격에서 바꾸고 싶은 부분이 있다면 그건 바꿔도 좋다. 사랑과 웃음, 특히 많은 웃음을 담아 그 과정을 진행하는 게 좋다.

　이건 모두 당신의 영혼이 진화하는 과정이다. 지금이 살아가기에 가장 신나는 시기라고 믿어라. 나는 매일 잠에서 깰 때마다 지금 여기서 모든 걸 경험할 수 있는 특권을 준 것에 대해 신에게 감사한다. 나는 내 미래가 근사할 것이라고 믿는다.

내 삶에 벌어진 기적을
환영합니다

당신 삶의 정원으로 들어와 아름답고 영양가 있는 새로운 생각과 사상을 심어라. 인생은 우리를 사랑하고 우리가 최고의 것을 갖기를 원한다. 인생은 우리 마음의 평화, 내면의 기쁨, 자신감, 그리고 풍부한 자존감과 자기애를 갖기를 바란다. 우리는 누구와 있든 항상 편안한 기분을 느끼면서 넉넉한 생활을 할 자격이 있다. 당신의 새로운 정원에 영양분을 공급해서 아름다운 꽃과 과일이 자라나면, 그것이 결국 평생토록 필요한 자양분을 공급해줄 것이다.

내 분노를 사랑으로
축복합니다

얼마 전에 이틀 정도 어깨가 아팠다. 무시하려고 했지만 통증이
사라지질 않았다. 결국 가만히 앉아서 스스로 물어봤다. "여기서
무슨 일이 벌어지고 있는 거지? 내 기분이 대체 어떻기에 이렇게
아픈 거야?"

　그리고는 깨달았다. "내 속이 타들어가는 것 같아. 타들어간다,
라고? 이건 분노군. 무엇 때문에 이렇게 화가 난 거지?"

　왜 화가 났는지 기억이 안 나서, "이유가 뭔지 한번 알아보자."
고 중얼거렸다. 그리고 침대에 커다란 베개 두 개를 올려놓고 있
는 힘껏 치기 시작했다.

　열두 번 정도 내려치자 내가 화가 난 이유가 정확히 떠올랐다.
이유는 너무나도 명확했다. 그래서 이번에는 소리까지 내면서 베
개를 더 세게 내리쳐 분노의 감정이 몸에서 빠져나가게 했다. 그
렇게 하고 나자 기분이 한결 홀가분해졌고, 다음날엔 어깨 통증
도 사라졌다.

나는 내 분노를
표출할 수 있도록 허락합니다

우울증은 분노가 내면으로 향하는 것이다. 예를 들어, 부모님이나 배우자, 고용주, 가장 친한 친구에게 화를 내는 게 좋지 못하다고 느낄 수도 있다. 그런데도 화가 난다. 그래서 가슴이 꽉 막힌 기분이 든다. 이 분노가 우울증이 된다. 오늘날에는 우울증, 심지어 만성 우울증을 앓는 사람들이 너무나도 많다. 자기가 우울하다는 걸 느낄 때쯤에는 이미 거기서 벗어나기가 매우 어렵다. 기분이 너무 엉망이라서 무슨 일을 하려면 많은 노력이 필요하기 때문이다.

당신이 얼마나 영적인 사람이든 간에 가끔은 설거지를 해야 한다. 싱크대에 더러운 접시를 쌓아놓고 "아, 난 정말 형이상학적이야."라고 말할 수는 없다. 그건 감정도 마찬가지이다. 자유롭게 흐르는 마음을 원한다면 내면의 더러운 그릇을 깨끗이 씻어내야 한다. 이걸 위한 가장 좋은 방법은 오랫동안 우울한 상태가 지속되지 않도록 분노를 어느 정도 표현하는 것이다.

지금 내 삶에
새롭고 놀라운 경험이 찾아옵니다

과거는 내가 여기까지 올 수 있게 해줬으므로 필요한 존재이긴 하다. 하지만 나는 기꺼이 배우고 변화하려고 하므로 과거는 내게 아무 힘도 발휘하지 못한다. 나는 영혼의 집을 청소하기 위해 지금 여기서부터 시작할 용의가 있다. 어디서부터 시작해도 상관없다는 것을 알고 있으니, 가장 작고 쉬운 방부터 시작할 것이고, 좀 더 빨리 결과를 얻게 될 것이다.

묵은 상처와 오래된 독선의 문을 닫는다. 집 앞에는 냇물이 있다. 예전에 상처받은 경험을 냇물에 넣으면 그것이 녹아 하류로 떠내려가기 시작하고 이윽고 영영 눈앞에서 사라진다. 나는 이 모습을 지켜본다. 나는 놓아줄 수 있는 능력이 있다. 이제 자유로이 새롭게 창조할 수 있다.

용서는 누구에게나 어려운 문제다. 우리는 오랫동안 자신을 가둔 이 장애물을 직접 쌓아 올렸다. 이제 스스로를 용서할 시간이다.

1. 평화로운 기분을 느낄 수 있는 음악을 튼다. 일기장과 펜을 가져와서 멍하니 생각에 잠긴다.

2. 과거로 돌아가 자신에게 화가 났던 일을 전부 떠올려보자. 그리고 그걸 적는다. 어쩌면 어린 시절에 굴욕적인 일을 겪은 자신을 지금껏 용서하지 못했을지 모른다.

3. 이제 그 목록을 보면서 각 항목에 어울리는 긍정적인 확언을 적는다. '[어떤 사건] 때문에 나를 절대 용서할 수 없어'라고 썼다면, 이때 필요한 확언은 '지금은 새로운 순간이야. 이제 자유롭게 놓아줄 수 있어'가 될 것이다.

4. 이제 일기장을 내려놓고 밖으로 나가(해변이나 공원, 아니면 공터도 좋다) 혼자 달려보자. 조깅을 하는 게 아니라 제멋대로 자유롭게 달리는 것이다. 공중제비를 넘어도 좋고, 팔짝팔짝 뛰면서 마음껏 웃어도 좋다. 내면의 아이를 데리고 야외로 나가 즐거운 시간을 보내라. 그러다가 누군가에게 그 모습을 들킨다면? 당신의 자유를 위해서 하는 일인데, 누가 보든 무슨 상관인가.

인생은 기쁨과
사랑으로 가득 차있습니다

나는 항상 안전하다.
내가 알아야 할 것들은 전부 내게 드러나며,
필요한 모든 것들은
완벽한 시공간 순서에 따라 내게 온다.
인생은 기쁨이고, 사랑으로 가득 차있다.
나는 어디를 가든 번창한다.
나는 기꺼이 변화하고 성장할 것이다.
내 세상에서는 만사가 순조롭다.

231

나에게 친절해지는 법을 배웁니다

우리는 마음에게 친절해지는 법을 배워야 한다. 부정적인 생각을 하는 자신을 미워해선 안 된다. 이런 생각은 우리를 괴롭히는 게 아니라 발전시킨다. 부정적인 경험을 했다고 스스로를 탓할 필요는 없다. 그런 경험에서 교훈을 얻을 수 있다. 나 자신에게 친절하다는 것은 모든 비난과 죄책감, 처벌, 고통을 멈추는 걸 의미한다.

휴식은 우리에게 도움이 될 수 있다. 긴장하거나 겁에 질려있으면 에너지가 차단되기 때문에, 내부의 힘을 이용하려면 긴장을 푸는 게 꼭 필요하다. 몸과 마음을 자유롭게 놓아주고 긴장을 푸는 데는 하루에 몇 분밖에 걸리지 않는다. 언제든 심호흡을 몇 번 하고, 눈을 감고, 쌓여있는 긴장을 모두 해소할 수 있다. 숨을 내쉬면서 중심을 잡고 조용히 자신에게 말하자. 나는 널 사랑해. 모든 게 괜찮아. 그러면 기분이 더 차분하게 가라앉는 걸 느끼게 된다. 항상 긴장하고 겁먹은 상태로 살아가지 않아도 된다는 메시지를 전하는 것이다.

나는
사랑할 권리가 있습니다

우리에게 숨 쉴 권리가 있는 것처럼, 사랑할 권리도 있다. 우리에게 숨 쉴 권리가 있는 것은 우리가 이 세상에 존재하기 때문이다. 사랑받을 권리가 있는 것 또한 우리가 존재하기 때문이다. 그게 우리가 알아야 할 전부다. 마찬가지로 우리는 스스로의 사랑을 받을 자격이 있다. 사회의 부정적인 의견, 즉 부모나 친구의 의견 때문에 자기가 부족한 사람이라고 생각해서는 안 된다. 당신이 사랑스럽다는 것은 존재의 본질이다. 이 사실을 받아들이고 인지해야 한다. 당신이 정말로 그렇게 해야만, 사람들이 당신을 사랑스러운 사람으로 대한다는 걸 기억하라.

나 자신과 내 인생의 모든 이들을
묵은 상처에서 해방시킵니다

학대의 기억을 극복하기 위한 긍정 확언

나는 과거를 놓아주고
내 삶의 모든 부분을 치유할 시간을 허락한다.
남을 용서하고 나 자신을 용서하며,
자유롭게 인생을 사랑하고 즐길 것이다.
이제 내 안의 아이가 꽃을 피우고
깊이 사랑받고 있다는 걸 알게 해줄 것이다.
나는 남들에게 존중받을 자격이 있다.
나는 소중한 인간이며,
사람들은 항상 날 존중하는 태도로 대한다.
나를 비롯한 그 누구도 비난하지 않을 것이다.
나는 인생에서 최고를 누릴 자격이 있고, 이제 최고를 받아들인다.
나 자신과 내 인생의 모든 이들을 묵은 상처에서 해방시킨다.
이제 모든 부정적인 생각을 없애고
나 자신의 훌륭한 모습만 보기로 했다.

용서하면 마음이
자유롭고 가벼워집니다

내가 존재하는 무한한 삶 속에서는

모든 것이 완벽하고 온전하게 갖춰져 있다.

변화는 내 삶의 천리다.

나는 변화를 환영하며, 기꺼이 변화할 것이다.

내 생각을 바꾸고,

내가 사용하는 단어를 바꾸면서,

편안하고 기쁜 마음으로 옛것에서 새것으로 옮겨간다.

용서는 생각보다 쉬운 일이다.

용서를 통해 내 마음은 점점 더 가벼워지고,

나를 사랑하는 방법을 배울 수 있다.

또 원한을 풀어버릴수록

더 많은 사랑을 표현하게 된다.

생각을 바꾸는 과정을 통해

매일매일을 즐거운 체험의 날로

만드는 법을 배운다.

내 세상에서는 만사가 순조롭다.

나는 내가 사랑하는 삶을
만들어갑니다

루이스를 떠올리며_글 : 로버트 홀든

"난 누구의 인생도 바꾸지 않아요." 루이스가 말했다. "당신 인생은 당신만 바꿀 수 있거든요."

"그러면 당신이 하는 일은 뭔가요?" 내가 물었다.

"음, 정신은 매우 창의적이라서, 생각하는 방식을 바꾸면 인생이 바뀐다고 가르치죠."

"그러니까 사람들에게 생각하는 법을 가르치는 거군요."

"외적인 경험과 내면의 생각을 연결시킬 수 있다는 걸 깨닫지 못하는 사람들은 계속 삶의 희생양으로 살아가게 될 거예요."

"그들은 세상이 자기에게 적대적이라고 느낄 겁니다."

"하지만 세상은 우리에게 적대적이지 않아요." 루이스가 반박했다. "사실 우리는 모두 사랑스러운 존재들이고 인생은 우리를 사랑하죠."

"이런 인식을 통해 가능성의 총체에 마음을 열게 되는 거군요."

"가능성의 총체는 언제나 우리 주변에 있어요." 루이스는 그렇게 주장했다.

나는 고통에 대응하는 법을 배우고 있습니다

나는 고통에 대응하는 법을 배우고 있다. 통증이 생기면 바로 정신 작업을 시작한다. 나는 고통이라는 말을 감각이라는 말로 대체하곤 한다. 내 몸은 많은 '감각'을 지니고 있다. 이런 사소한 말 바꾸기가 치료에 의식을 집중하도록 도와주며, 훨씬 빨리 낫는 데 도움을 준다. 마음을 조금만 바꾸면 몸도 비슷한 방향으로 바뀐다는 걸 안다. 나는 내 몸과 내 마음을 사랑하며, 그들이 아주 밀접하게 연관되어 있다는 것에 감사한다.

인생은 가능한 모든 방법으로
나를 지지합니다

나 이외의 어떤 것이든, 지나치게 의존하는 건 모두 중독이다. 마약이나 술, 섹스, 담배에 중독될 수 있다. 그리고 남을 탓하는 행동, 질병, 빚, 피해자로 살기, 거부당하는 것에 중독될 수도 있다. 하지만 우리는 이걸 뛰어넘을 수 있다. 중독은 물질이나 습관에 내 힘을 넘겨주는 것이다. 난 언제나 힘을 되찾을 수 있다. 지금이 힘을 되찾을 순간이다.

삶이 나를 위해 여기 있다는 걸 깨닫는 긍정적인 습관을 길러야 한다. 나는 기꺼이 나를 용서하면서 앞으로 나아갈 것이다. 언제나 나와 함께했던 영원한 정신이 지금 여기 있다. 긴장을 풀면서 오래된 습관을 버리고 긍정적인 새 습관을 실천하도록 하자.

나는 명상하는 시간을
소중히 여깁니다

어떤 사람은 명상할 때 생각을 멈춰야 한다고 생각한다. 사실 생각을 멈출 수는 없지만, 속도를 늦춰서 천천히 흘러가게 하는 건 가능하다. 어떤 사람은 메모장과 연필을 들고 앉아 부정적인 생각을 적기도 하는데, 그렇게 하면 그 생각이 쉽게 사라지는 것 같기 때문이다.

자기 생각이 떠다니는 걸 가만히 지켜보면서(아, 저기 두려움과 약간의 분노가 있고, 여기에는 사랑스러운 생각, 엄청난 불행, 포기하려는 마음, 기쁜 생각이 있네), 그걸 중요하게 여기지 않는 상태에 도달할 수 있다면, 당신은 거대한 힘을 깨우친 것이다.

명상은 어디서든 시작할 수 있으므로 습관으로 자리 잡게 하자. 명상을 자신의 고귀한 힘에 집중하는 과정으로 생각하면 된다. 그러면 자기 자신 그리고 내면의 지혜와 연결된다. 어떤 형태로든 원하는 대로 할 수 있다. 어떤 사람은 조깅을 하거나 산책하던 도중에 명상에 빠져들기도 한다. 다시 말하지만, 남들과 다르게 한다고 해서 잘못된 게 아니다. 나는 정원에서 무릎을 꿇고 흙 파는 걸 좋아한다. 그게 나에겐 훌륭한 명상이다.

내 생각을 선택해서
삶을 바꿉니다

우리는 빛이다. 우리는 영혼이다. 우리는 모두 훌륭하고 능력 있는 존재들이다. 그리고 이제는 우리가 자신의 현실을 창조한다는 사실을 인정해야 할 때다. 우리는 마음으로 현실을 창조한다. 현실을 바꾸고 싶다면, 마음을 바꿀 때가 된 것이다. 그러려면 새롭고 긍정적인 방식으로 생각하고 말하겠다고 결심해야 한다.

　생각을 바꾸면 인생을 바꿀 수 있다는 걸 배웠다. 생각을 바꾼다는 건 사실 자신의 한계를 허문다는 얘기다. 자신의 한계를 허물면 주변에 있는 생명의 무한함을 의식하기 시작한다. 자기가 이미 완벽하고 온전하며 모든 걸 갖추고 있다는 걸 이해하기 시작한다. 생각을 바꾸는 게 처음에는 어렵겠지만 날이 갈수록 쉬워질 것이다.

나는 항상
신의 인도와 보호를 받습니다

영적 행복을 위한 긍정 확언

세상을 창조한 힘이 내 심장을 뛰게 한다.

나는 그 힘과 강력한 정신적 유대관계를 맺고 있다.

인생은 고비마다 나를 지탱해준다.

나는 모든 생명과 하나가 된 기분이다.

나는 사랑하는 하느님을 믿는다.

그리고 인생이 내 곁에 있어줄 거라고 믿는다.

내게는 특별한 수호천사가 있다.

나는 항상 신의 인도와 보호를 받으면서

꾸준한 영적 성장의 길을 걷고 있다.

그리고 신성한 지혜와 연결되어 있다.

나는
완벽한 나입니다

우리는 매 생애마다 태어나기 전, 이번 생에 집중하기로 결정한
목표에 적합한 삶을 선택한다. 나는 아무래도 생애마다 다른 성
적 취향을 택하는 것 같다. 나는 남자일 때도 있고, 여자일 때도 있
다. 어떤 땐 이성애자고 어떤 땐 동성애자다. 각각의 성적 취향에
는 그 나름의 만족스러운 부분과 힘든 부분이 있다. 때로는 사회
가 내 성적 취향을 인정하지만 때로는 그렇지 않다. 하지만 나는
언제나 나다. 완벽하고 온전하며 모든 걸 갖췄다. 내 몸의 모든 부
분을 사랑하고 소중히 여긴다.

사랑은
어디에나 있습니다

세상의 힘은 절대 우리를 심판하거나 비판하지 않는다. 그 힘은
오직 우리의 가치에 따라 우리를 받아들일 뿐이다. 그리고 그건
우리 삶에 대한 믿음을 반영한다. 삶이 외롭고 아무도 날 사랑하
지 않는다고 믿는다면, 실제로 그렇게 될 것이다.

　그러나 그 믿음을 기꺼이 버리고 어디에나 사랑이 있다고 확언
한다면, 또 나는 사랑하고 사랑받는다고　확언하면서 그 새로운
확언에 의지하고 자주 반복한다면, 그게 진실이 될 것이다. 이제
사랑하는 이들이 내 삶에 들어올 것이고 이미 내 인생에 존재하는
이들은 나를 더 사랑하게 되며, 나도 다른 사람들에게 사랑을 더
쉽게 표현할 수 있게 될 것이다.

사랑은
내 스승입니다

우리 영혼의 목표는 무조건적인 사랑을 베푸는 것이다. 그건 자기 수용과 자기애에서 시작된다.

당신은 다른 사람을 기쁘게 하거나 그들의 방식으로 살기 위해 여기 있는 게 아니다. 당신은 자기만의 방식대로 살아가면서 자기 길을 걸을 수 있다. 당신은 자아를 실현하고 가장 심오한 차원의 사랑을 표현하기 위해 이곳에 왔다. 배우고 성장하면서 동정심과 이해심을 흡수하고 투영하기 위해 이곳에 있다. 이곳을 떠날 때 가져가는 건 인간관계나 자동차, 은행 계좌, 직업이 아니다. 당신이 가져가는 것은 단 하나, 사랑하는 능력뿐이다.

모든 관계는
거울입니다

인간관계는 우리 자신의 거울이다. 우리가 끌어들이는 사람들은
관계에 대한 우리의 생각이나 자질을 반영한다. 친구의 모습 중
마음에 들지 않는 부분은 우리가 하는 행동이나 생각이 반영된 것
이다. 그 친구들의 존재 방식이 우리 삶을 어떤 식으로든 보완하
지 않았다면 그들을 끌어들이지 못했을 것이다.

　친구 사이의 유대감이 껄끄러워지면 그 이유를 알아내기 위해
어린 시절의 부정적인 메시지를 들여다볼 수도 있다. 예를 들어,
우리를 실망시키는 믿을 수 없는 친구가 있다면 자신의 내면을 살
펴봐야 한다. 우리의 어떤 부분이 신뢰할 수 없고 언제 다른 사람
들을 실망시켰는지 확인할 필요가 있다. 그런 다음, 부정적인 메
시지를 없애고 자신을 받아들이는 법을 배워서 다른 사람을 받아
들일 수 있도록 해야 한다.

내가 한 모든 경험은
내 성장에 완벽한 도움이 됩니다

만약 지금 신체적 고통을 겪고 있다면 거기서 어떤 교훈을 얻을 수 있는가? 그 고통은 어디에서 온 것인가? 그 고통은 우리에게 어떤 메시지를 전하려고 하는가?

1. 몸의 통증이나 불편함을 느낄 때는 시간을 두고 자신을 진정시키자. 그 고통에서 자유로워지려면 삶의 어떤 부분을 변화시켜야 하는지 고귀한 힘이 알려줄 것이라고 믿어야 한다.
2. 좋아하는 꽃이 풍성하게 자라고 있는 완벽한 자연을 상상한다. 달콤하고 따뜻한 바람이 얼굴에 부드럽게 불어올 때 그걸 느끼고 냄새를 맡아보라. 몸의 모든 근육을 이완시키는 데 집중한다.
3. 자신에게 다음과 같은 질문을 던진다. 내가 이 문제에 어떤 식으로 관여하고 있는가? 내가 알아야 할 것은 무엇인가? 내 삶의 어떤 부분에 변화가 필요한가? 이 질문들을 곰곰이 숙고하면서 답이 떠오르도록 한다.
4. 3단계에서 얻은 답변 중 하나를 선택해 오늘 당장 실천할 수 있는 실행 계획을 세운다. 더불어 이렇게 확인하자. 나는 내 몸을 사랑해. 내 몸이 필요로 하는 걸 모두 주고 최적의 건강 상태로 돌아올 거야.

서로 사랑해도
안전한 세상을 만들겠습니다

우리는 서로 사랑해도 안전한 세상, 즉 우리가 있는 그대로 사랑받고 받아들여질 수 있는 세상을 만드는 데 도움을 줄 수 있다. 현재 모습 그대로 사랑과 인정을 받는 건 우리가 어릴 때부터 원하던 것이다. 키가 더 크거나 밝아지거나 예뻐졌을 때, 혹은 사촌이나 언니나 친구와 비슷해졌을 때가 아니라 있는 그대로의 모습으로 사랑과 인정을 받는 것 말이다.

우리는 자란 뒤에도 똑같은 것을 원한다. 바로 지금 이 순간의 모습 그대로 사랑과 인정을 받고 싶어 한다. 그러나 우리가 먼저 자신에게 그런 사랑과 인정을 주지 못한다면 다른 사람에게서도 받기 힘들다. 우리가 자기 자신을 사랑할 수 있으면 다른 사람을 사랑하는 것도 더 쉬워진다. 자신을 사랑하면, 자신은 물론 다른 사람을 다치게 하지도 않는다. 어떤 집단은 별로 괜찮지 않다는 편견과 믿음을 떨쳐버려라. 우리 모두가 얼마나 아름다운지 깨달으면 평화, 즉 우리가 서로 사랑해도 안전한 세상에 대한 답을 얻게 된다.

번영은
나의 신성한 권리입니다

번영을 위한 긍정 확언

번영은 나의 신성한 권리다.

나는 풍요에 대한 의식을 계속 증가시키고 있으며

이는 끊임없이 늘어나는 수입으로 증명된다.

나는 어디에서나, 누구를 통해서나 좋은 것들을 얻을 수 있다.

나는 내 삶을 통해 흐르는 풍요로운 번영을

누릴 자격이 있고 이를 기꺼이 받아들인다.

나는 이제 성공에 대한 새로운 인식을 확립했다.

내가 결심한 만큼 성공할 수 있다는 걸 안다.

우리 모두 누릴 수 있을 만큼 많다는 걸 알기에

다른 이들의 성공에도 기뻐한다.

내가 요구하기도 전에 모든 필요와 욕구가 충족된다.

모든 종류의 번영이 내게 이끌린다.

오늘, 눈에 보이는 모든 것에
감사합니다

아침에 일어나면 기분 좋은 의식을 행하고 자신에게 기분 좋아지는 말을 하는 게 중요하다. 자신을 위해 가능한 최고의 날을 시작하자.

1. 아침에 일어나 눈을 뜨자마자 다음과 같이 확언한다. 오늘은 축복받은 날이야. 모든 게 아주 멋져. 오늘 해야 할 일을 전부 처리할 수 있는 시간이 있어.
2. 이제 몇 분간 긴장을 풀고 이 긍정 확언이 마음속으로 퍼져나가게 한 다음, 이번에는 가슴과 몸 전체로 그걸 느껴보자.
3. 일어날 준비가 되면 화장실 거울 앞으로 간다. 자기 눈을 지그시 들여다본다. 당신을 바라보는 아름답고 행복하고 여유로운 그 사람을 보며 미소 짓자.
4. 거울을 보면서 다음과 같이 긍정 확언을 한다. 잘 잤니, [이름]. 사랑해. 정말, 정말 사랑해. 오늘 우리는 아주 멋진 경험을 할 거야. 그런 다음 자신에게 기분 좋은 말을 한다. 너 오늘 멋져 보인다. 넌 최고의 미소를 가지고 있어. 오늘 아주 멋진 하루 보내길 바라.

내면의 아이를
사랑하고 돌보겠습니다

우리 안에 있는 길 잃은 아이를 사랑하고 받아들이기 전까지는 다른 이들을 사랑하고 받아들일 수 없다. 당신 안에 있는 길 잃은 아이는 몇 살인가? 세 살이나 네 살? 아니면 다섯 살쯤? 아마 그 아이는 다섯 살 이하일 것이다. 일반적으로 아이가 생존의 필요성 때문에 마음의 문을 닫아거는 게 그 나이 즈음이기 때문이다.

아이의 손을 잡고 사랑해줘야 한다. 당신과 그 아이를 위해 멋진 삶을 꾸리는 것이다. 자신에게 이렇게 말하라. "나는 내 아이를 사랑하는 법을 배울 것이다. 기꺼이 그렇게 하겠다." 그러면 세상이 응답할 것이다. 아이와 자신을 치유할 방법을 찾아야 한다. 치유되고 싶다면 기꺼이 자신의 감정을 느끼면서 그걸 통해 다른 방향으로 나아가야 한다. 우리의 고귀한 힘이 항상 우리의 노력을 지지하고 있음을 기억하라.

낡은 생각들을
놓아줍니다

내 안에는 언제나 고집스러운 부분이 있었다. 지금도 가끔 내 삶에 변화를 일으켜야겠다고 결심할 때면, 이런 고집이 겉으로 드러나서 생각을 바꾸는 데 강하게 저항한다. 그래서 일시적으로 독선적으로 굴거나 화를 내거나 움츠리는 경우가 있다.

그렇다. 그 오랜 세월 동안 이 일을 해왔는데도 여전히 내 안에서는 이런 일이 계속되고 있다. 그게 내가 얻은 교훈 중 하나다. 하지만 지금은 이런 일이 생기면 내가 중요한 변화의 시점을 맞이하고 있다는 걸 안다. 인생을 바꾸겠다고 결심할 때마다, 뭔가를 놓아주겠다고 결심할 때마다, 그걸 위해 내면으로 더 깊이 들어갈 것이다.

켜켜이 쌓인 낡은 층을 새로운 생각으로 대체하려면 양보해야 한다. 어떤 건 쉽고, 어떤 건 마치 깃털로 바위를 들어 올리는 것만큼 힘들다. 변화를 이루고 싶다고 말하면서도 낡은 생각을 집요하게 고수한다면, 그것이야말로 놓아줘야 하는 중요한 생각이라는 사실을 기억하라.

내면으로 들어가
고귀한 지성과 연결됩니다

명상은 머릿속의 재잘거림을 우회해 더 깊은 곳으로 들어가서 내면의 지혜와 연결되는 방법이다. 매일 시간을 내 내면의 목소리와 접촉하고, 답변에 귀 기울이는 건 가치 있는 일이다. 그렇게 하지 않는다면, 우리가 실제로 이용할 수 있는 것의 5~10퍼센트 정도만 이용하게 될 것이다.

명상을 배우는 방법은 여러 가지다. 다양한 종류의 수업과 책이 있다. 잠시 눈을 감고 조용히 앉아있는 것처럼, 간단한 방법도 괜찮다. 명상은 자신의 내적 지침과 접촉하는 한 가지 방법일 뿐이라는 걸 기억하자. 하루 일과를 보내는 동안에도 항상 이 지침과 연결되어 있지만, 조용히 앉아서 귀를 기울이면 의식적으로 연결하기가 더 쉽다.

나를 행복하게 하는 건
나 자신입니다

우리 삶에 멋진 사람들과 장소, 사물이 있다는 건 흥미진진한 일이다. 그러나 이런 것들이 '나를 행복하게' 만들어주지는 않는다는 걸 분명히 알아야 한다. '나를 행복하게' 할 수 있는 건 나 자신뿐이다. 오직 자신만이 평화와 기쁨을 낳는 생각을 할 수 있다. 외부 사람이나 다른 어떤 근원에게 그 힘을 내줘서는 안 된다. 자신을 행복하게 해주자. 그러면 모든 선이 아주 풍부하게 당신에게 흘러 들어갈 것이다.

나는 나를 창조한 힘을 가진 사람입니다

세상에는 하나의 무한한 힘이 있고, 이 힘은 내가 있는 바로 여기에 있다. 나는 길을 잃거나 혼자거나 버림받거나 절망적이지 않다. 나는 나를 창조한 힘을 가진 사람이다. 만약 내 안에 이 진실을 부정하는 생각이 있다면, 바로 지금 여기서 그 생각을 지울 것이다. 나는 내가 신성한 삶의 웅장한 표현이라는 것을 안다. 나는 무한한 지혜와 사랑, 창조성을 지닌 사람이다. 나는 활기찬 건강과 에너지의 표본이다. 나는 사랑하고 또 사랑받고 있다. 나는 평화롭다. 오늘은 눈부시게 아름다운 생명이 표출되는 날이다. 내가 겪는 모든 경험은 즐겁고 사랑스럽다. 나는 내 몸, 내 애완동물, 내집, 내 일, 그리고 오늘 내가 만나는 모든 이들을 신성한 사랑으로 축복한다. 오늘은 정말 좋은 날이고 나는 이 안에서 기뻐한다. 그리고 언제나 그럴 것이다.

나는 기적을 끌어당기는 자석입니다

오늘, 뭔지는 몰라도 뜻밖의 행운이 찾아올 것이다. 나는 규칙과 규정, 제약과 제한을 훌쩍 뛰어넘는 사람이다. 그러니 의식을 바꿔서 용서해야 할 사람들을 용서하면 치유의 기적이 일어날 것이다.

모든 의료 시설에는 깨달음을 얻고 영적인 길을 걷는 의료진이 있다. 나는 이제 내가 어디에 있든 이런 사람들을 내게 끌어들인다. 사랑과 수용, 용서라는 내 정신적 분위기는 매일 매 순간 작은 기적을 일으키는 자석 같은 역할을 한다. 내가 어디에 있든 그곳에는 치유의 분위기가 흐르고, 그것이 나와 주위의 모든 이들에게 축복과 평화를 안겨준다.

세상의 사랑이 나를 에워싸고
내 안에 깃듭니다

나는 나와 세상 모든 것을 창조한 무한한 지성과 연결되어 있기에 변함없이 안전하다. 나는 내 안에서 이 힘을 느낀다. 내 몸의 모든 신경과 세포가 이 힘을 좋은 것으로 인식한다. 내 존재의 실체는 나를 창조한 힘과 항상 연결되어 있다. 내 생명의 구세주는 내 안에 있다. 자신을 받아들이고 내가 괜찮은 사람이라는 걸 알기에, 내 사랑의 치유력을 나에게 활짝 열어놓는다. 세상의 사랑이 나를 에워싸고 내 안에 깃든다. 나는 이 사랑을 받을 자격이 있다. 이제 사랑이 내 인생 전체에 흐르고 있다.

그 사람이 원하는 모습을
지지합니다

우리가 하는 중요한 일은 전부 우리 자신에게 달려있다. 반려자가
바뀌기를 바라는 건 교묘한 조종의 한 형태, 즉 그 사람을 휘두를
힘을 가지고 싶다는 욕망이다. 이는 독선일 수도 있다. 그런 생각
자체가 자기가 그 사람보다 낫다는 걸 전제하기 때문이다. 인생의
반려자가 원하는 모습대로 살게 하라. 그리고 그들의 자기 탐구,
자기 발견, 자기애, 자기 수용, 자아 존중을 독려하라.

크고 작은 것들에 대해
나를 칭찬합니다

오늘은 평가와 자기비판 습관을 고치고, 스스로를 비하하려는 욕구를 뛰어넘는 법을 배우자.

1. 스스로에 대해 가장 많이 비판하는 다섯 가지 일을 적어본다.
2. 목록의 각 항목 옆에 이 특정한 일과 관련해 자신을 비판하기 시작한 날짜를 적는다. 정확한 날짜가 기억나지 않으면 대강이라도 적는다.
3. 얼마나 오랫동안 자신을 괴롭혔는지 놀라운가? 이런 자기비판 습관이 긍정적인 변화를 가져오지는 않았을 것이다. 비판은 효과가 없다! 기분만 상할 뿐이다. 그러니 당장 멈춰야 한다.
4. 이 목록에 있는 다섯 가지 비판 내용을 모두 긍정적인 확언으로 바꾼다.

나는 매일 더 창의적으로
살아가는 법을 배웁니다

자신이 얼마나 어설픈 사람인지에 대해 계속 말하거나 생각한다면, 결코 창의성을 내보일 수 없다. "나는 창의적이지 않다"고 말한다면, 그 말은 진실이 되어버린다.

우리는 세상의 창조적인 에너지 흐름을 이용한다. 어떤 사람은 다른 이들보다 창의적으로 자신을 표현하긴 하지만, 기본적으로는 누구나 그렇게 할 수 있다.

우리는 매일 자신의 삶을 창조한다. 모든 사람은 자기만의 독특한 재능과 능력을 지니고 있다. 하지만 안타깝게도 어릴 때 선의의 어른들 때문에 그 창의성이 억눌린 사람이 너무나도 많다. 아주 오래전, 내게는 키가 너무 커서 춤을 출 수 없다고 말했던 선생님이 있었다. 한 친구는 나무를 잘못 그린 탓에 그림을 그릴 줄 모른다는 말을 들었다. 다 바보 같은 말이다. 하지만 우리는 순종적인 아이였기에 그 메시지를 믿었다. 이제 우리는 그들을 뛰어넘을 수 있다.

내 일은
신을 표현하는 것입니다

내 또 다른 직업은 신을 표현하는 것이다. 나는 이 직업을 기쁘게 생각한다. 나를 통해 신성한 지성의 힘이 발휘되는 걸 증명할 수 있는 모든 기회에 감사한다. 문제가 생길 때마다 그게 내 고용주인 신이 준 기회라는 걸 알고 있다. 그래서 내면으로 향해 마음속에 긍정적인 말이 가득 차오르기를 기다린다. 나는 이 축복받은 계시를 기쁨으로 받아들이고, 내가 잘한 일에 대해 정당한 보상을 받을 자격이 있다는 걸 알고 있다.

나는 이 신나는 자리에 대한 대가로 충분한 보상을 받는다. 내 동료 직원들(모든 인류)이 알든 모르든, 그들은 영적으로 사랑스럽고, 명랑하고, 열정적이고, 유능한 노동자들이다. 나는 그들을 자기 일에 열과 성을 다하는 '한마음(One Mind)'의 완벽한 표상으로 여긴다. 보이지 않지만 늘 그곳에 존재하는 최고운영책임자(CEO)를 위해 일하면서, 내 창조적인 활동이 재정적인 풍요를 가져온다는 걸 알고 있다. 신을 표현하는 일을 하면 항상 보상을 받기 때문이다.

풍요의 바다는
모두에게 돌아갈 만큼 넉넉합니다

번영에 대한 인식은 돈에 의존하지 않지만, 돈의 흐름은 번영에 대한 인식에 의존한다. 더 많이 생각할수록 더 많은 번영이 우리의 삶에 들어올 것이다.

나는 바닷가에 서서 광활한 바다를 바라보며, 이 바다가 나를 위한 풍요라고 상상하는 걸 좋아한다. 이때 나는 어떤 그릇을 들고 서있을까? 티스푼, 구멍 뚫린 골무, 종이컵, 유리잔, 텀블러, 항아리, 물통, 세면대, 혹은 이 풍요의 바다와 연결된 파이프라인일지도 모른다. 어쨌거나 아무리 사람이 많고 그들이 아무리 다양한 그릇을 들고 있어도, 이 풍요의 바다는 모든 사람에게 충분히 돌아갈 만큼 넉넉하다. 내가 남의 것을 강탈할 수 없고, 남이 내 것을 강탈할 수 없다. 그리고 어떤 방법을 써도 이 대양의 물을 다 말릴 수는 없다. 들고 있는 그릇은 나의 의식이며, 이는 언제든 더 큰 그릇으로 바꿀 수 있다. 확장성과 무한한 공급을 느끼기 위해 이 연상 훈련을 자주 해보자.

치유되어 온전해진 세상을 바라봅니다

모든 사람이 존엄하며, 인종이나 국적에 상관없이 누구나 자신의 권한과 안전을 보장받을 수 있는 세상을 상상해보라. 모든 아동학 대가 사라져서, 어디서나 아이들을 소중하고 가치 있는 존재로 여기는 모습을 본다. 학교가 귀중한 시간을 들여 아이들에게 자신을 사랑하는 방법, 관계를 맺는 방법, 부모가 되는 방법, 돈을 잘 관리해서 재정적인 안정을 확보하는 방법 등 중요한 걸 가르치는 모습을 본다. 이번에는 모든 환자의 병이 낫고, 의사들이 우리의 건강과 활력을 유지하는 방법을 알아내서 질병이 모두 과거의 일이 되는 모습을 지켜본다. 전 세계 모든 사람들이 평화와 풍요를 즐기고, 다 함께 화목하게 사는 모습을 본다. 우리가 무기를 내려놓고 마음을 연 덕에, 모든 판단과 비판, 편견이 먼지가 되어 사라지는 광경을 보라.

우리의 행성이 치유되어 온전해지고, 자연재해가 사라져서 지구가 안도의 한숨을 내쉬며, 다시 평화가 지배하는 모습을 보라. 이 행성에서 일어나기를 바라는 다른 긍정적인 일들을 생각해보라. 이런 생각을 마음속에 계속 간직하고 상상하면, 이 새롭고 안전하고 사랑스러운 세상을 만드는 데 도움을 줄 수 있다.

나는 언제나 안전하며,
이건 변화일 뿐입니다.

이곳을 떠나는 지극히 정상적이고 자연스러운 과정, 언젠가 우리 모두가 겪게 될 그 과정에 대해, 내가 품고 있는 생각이 몇 가지 있다. 이 인식을 통해 평화로워질수록, 그 과정이 더 쉬워질 것이다. 내가 아는 건 다음과 같다.

우리는 항상 안전하다.
그건 단지 변화일 뿐이다.
태어나는 순간부터 우리는
다시 한번 빛의 포옹을 받는 순간을 준비하고 있다.
최대한의 평화를 누릴 수 있는 위치에 있자.
천사들이 우리를 에워싸고 있다.
그들이 한 걸음 한 걸음 길을 안내해준다.
어떤 퇴장 방식을 택하든 완벽하게 진행될 것이다.
모든 일이 완벽한 시공간 순서에 따라 일어날 것이다.
지금은 기쁨과 환희의 시간이다.
당신은 지금 집으로 가고 있다. 우리 모두가 그렇듯이.

나는 영원을 통과하는
끝없는 여행을 하고 있습니다

생명의 무한함 속에서 모든 것은 완벽하고 온전하며 필요한 모든 것이 갖춰져 있다. 삶의 순환도 완벽하고 온전하며 완전하다. 시작하는 시간, 성장의 시간, 존재의 시간, 시들거나 닳아 없어지는 시간, 떠나는 시간이 있다. 이 모두가 삶의 완벽함을 이루는 부분들이다. 우리는 그것이 정상적이고 자연스럽다고 느끼며, 때로는 슬프지만 그 순환과 리듬을 받아들인다.

때로 갑자기 중간에 순환이 끝나는 경우가 있다. 이럴 때 충격을 받고 위협을 느낀다. 누군가가 너무 일찍 죽었거나, 뭔가가 박살나고 부서졌다. 고통을 유발하는 생각이 죽음을 상기시키기도 한다. 우리 역시 우리의 순환에 종지부를 찍는다. 우리는 끝까지 천수를 누리게 될까, 아니면 이른 종말을 맞게 될까?

인생은 계속해서 변한다. 시작도 끝도 없고, 물질과 경험의 끝없는 순환과 재순환뿐이다. 삶은 결코 고착되거나 고정되지 않는다. 매 순간 새롭고 신선하다. 모든 끝은 새로운 시작점이다.

내 몸이 나를
이끌어 주리라고 믿습니다

다음의 긍정 확언은 당신이 몸의 언어에 귀를 기울이고 있음을 전할 수 있는 훌륭한 방법이다. 미러 워크를 할 때 혹은 온종일 이 긍정 확언을 되뇌자.

나는 내 몸의 메시지에 사랑을 담아 귀를 기울인다.
나는 내 몸이 나를 이끌어 주리라고 믿는다.
나는 내 몸의 지혜에 감사한다.
내 몸과 직감에 귀를 기울이면 안전하다.
인생은 나를 사랑한다. 내 몸은 나를 사랑한다.
나는 항상 안내와 보호를 받는다.
무엇이 내게 진실인지 안다.
나는 내 진가를 인정한다.
나는 새로운 생각을 받아들여 자양분을 공급한다.
인생은 내게 필요한 모든 것을 공급해준다.

오늘의 나는
새로운 나입니다

내가 존재하는 무한한 삶 속에서는

모든 것이 완벽하고 온전하게 갖춰져 있다.

내 인생은 언제나 새롭다.

내 삶의 모든 순간은 새롭고 신선하며 활력이 넘친다.

나는 긍정적인 생각을 이용해 내가 원하는 걸 만들어낸다.

오늘의 나는 새로운 나이다.

나는 다르게 생각한다. 다르게 말한다. 다르게 행동한다.

다른 사람들 역시 나를 다르게 대한다.

나의 새로운 세계는 나의 새로운 생각의 반영이다.

새로운 씨앗을 심는 건 기쁘고 즐거운 일이다.

이 씨앗들이 나의 새로운 경험이 되리라는 걸 알기 때문이다.

내 세상에서는 만사가 순조롭다.

내 인생 최고의 관계는
나와 맺은 관계입니다

다른 이들과 관계를 맺는 것은 좋은 일이지만, 결국에는 끝날 때가 오기에 전부 일시적인 관계라 할 수 있다. 내가 영원히 함께하는 사람은 바로 나이다. 나와의 관계는 영원히 지속되기 때문에 나는 나의 가장 친한 친구이다. 나는 매일 시간을 조금씩 내서 내 마음과 연결되려고 노력한다. 마음을 가라앉히고 내 사랑이 몸속을 흐르는 걸 느끼면서 두려움과 죄책감을 녹여버린다. 말 그대로 사랑이 몸 안의 모든 세포에 스며드는 걸 느낀다. 이 세상은 나와 다른 모든 이들을 무조건적으로 사랑하고, 그런 세상과 언제나 연결되어 있음을 알고 있다. 이렇게 무조건적으로 사랑을 나눠주는 세상은 나를 창조한 힘이며 언제나 날 위해 여기에 있다. 내 안에 사랑을 위한 안전한 장소를 만들어, 다정한 이들과 애정 어린 경험을 끌어들인다. 이제 관계란 모름지기 이러저러해야 한다는 고정관념을 버려야 할 때다.

나는 인생과 함께
흘러갑니다

당신은 항상 영적 존재의 신성한 인도를 받는다. 이 영적 존재는 절대 실수하지 않는다는 걸 기억하자. 당신 내면에서 뭔가를 표현하거나 창조하고 싶은 욕구가 강하게 꿈틀거린다면, 그 감정은 곧 신성한 불만이라는 걸 알아야 한다. 그런 갈망을 좇는 게 우리의 소명이다. 그것이 무엇이든지 간에 그 길을 추구한다면 인도와 보호를 받고 성공을 확신할 수 있을 것이다. 목적이나 길이 눈앞에 놓여있을 때, 그걸 믿고 흐름에 몸을 맡길 수도 있지만 두려움에 사로잡힐 수도 있다. 자기 내면에 존재하는 완벽함을 신뢰하는 게 관건이다. 물론 두려울 수는 있다. 다들 뭔가를 두려워하니까. 하지만 당신은 할 수 있다. 세상은 당신을 사랑하고 당신이 무슨 일을 하든 성공하기를 바란다는 걸 기억하자.

　당신은 매일 매 순간 자신을 창조적으로 표현하고 있다. 자기만의 독특한 방식으로 존재하고 있다. 그걸 알면 이제 자기가 창의적이지 않다는 잘못된 생각에서 벗어나, 머릿속에 떠오르는 모든 프로젝트를 진행시킬 수 있다.

나는 풍요로운 세상에
살고 있습니다

금전적인 추구는 삶의 질을 높이는 데 도움이 되는 방향이어야 한다. 만약 그렇지 않다면, 즉 돈을 벌기 위해 하는 일을 싫어한다면, 돈은 아무 쓸모가 없다. 번영이라는 개념에는 우리가 가진 돈의 액수뿐만 아니라 삶의 질도 포함되기 때문이다.

번영은 돈만으로 정의되는 게 아니라 시간, 사랑, 성공, 기쁨, 편안함, 아름다움, 지혜 등이 모두 포함된다. 예를 들어, 당신은 시간에 쪼들릴 수 있다. 항상 서두르고 압박감을 느끼면서 어찌할 바를 모른다면, 시간이 가난에 쪼들리는 것이다. 하지만 눈앞에 닥친 일을 모두 끝낼 시간이 있고 어떤 일이든 마무리할 수 있다고 확신하는 사람은 시간적으로 매우 여유로워질 것이다.

당신이 어떤 신념을 갖고 있든, 이 순간에는 바뀔 수 있다는 걸 알아야 한다. 당신을 창조한 힘은 당신이 직접 경험을 해나갈 힘도 함께 주었다. 우리는 변할 수 있다.

내게는
세상의 모든 시간이 있습니다

시간은 내가 만드는 것이다. 조급함을 느낄수록 시간이 빨리 흘러, 시간이 부족하다고 느끼게 된다. 반면 내가 하고 싶은 일을 할 수 있는 시간이 충분하다고 믿는다면, 시간의 흐름이 느려져서 계획한 일을 이루게 된다. 예를 들어 교통 체증에 갇히면, 그 즉시 주변에 있는 운전자들 모두가 최대한 빨리 목적지에 도착하기 위해 최선을 다하고 있다고 확언한다. 그리고 심호흡을 하면서 다른 운전자들을 사랑으로 축복하고, 제시간에 목적지까지 갈 수 있다고 확신한다.

　각 경험의 완벽함을 볼 수 있으면 결코 서두르지 않고 또 꾸물거리지도 않는다. 우리는 적절한 시간에 적절한 장소에 있을 테고, 모든 것이 순조롭다.

나는 풍요를 누릴 자격이
있습니다

우리는 열악한 재정 상황에서 벗어나기 위해, 오래된 습관을 버려야 한다. 우선 자기가 풍요를 누릴 자격이 있다고 생각하는 데 집중해서, 자기 삶에 더 많은 번영을 유인하고 받아들이자. 이때 다음과 같은 긍정 확언을 사용할 수 있다.

지금 살면서 누리고 있는 모든 좋은 것들을 감사하게 받아들인다.
인생은 나를 사랑하고 나를 부양한다.
인생이 날 돌봐준다고 믿는다.
나는 풍요를 누릴 자격이 있다.
인생은 언제나 내 욕구를 채워준다.
매일 놀라운 방법으로 풍요가 내 삶에 흘러들어온다.
수입이 계속 증가하고 있다.
나는 어디를 가든 번창한다.

나의 모든 관계는
사랑의 원으로 감싸여 있습니다

살아있는 이든 죽은 이든, 모든 가족을 사랑의 원으로 감싸라. 친구, 사랑하는 사람, 배우자, 직장 동료, 과거에 알던 사람들, 용서하고는 싶지만 어떻게 해야 할지 모르겠는 이들을 모두 포함시킨다. 스스로가 상호 존중과 배려를 바탕으로 모든 사람과 훌륭하고 조화로운 관계를 맺고 있다고 단언한다.

　품위 있고 평화로우며 즐겁게 살 수 있다는 걸 믿어라. 이 사랑의 원이 지구 전체를 감싸게 한 뒤, 마음을 활짝 열어 내면에 조건 없는 사랑이 싹틀 공간을 만든다. 당신은 사랑할 가치가 있는 사람이다. 당신은 아름답고 강하다. 앞으로도 늘 그럴 것이다.

과거를 놓아주고
자유로워집니다

최고의 유년기를 보냈건 아니면 최악의 유년기를 보냈건, 지금은 당신 스스로 자신의 삶을 전부 책임지고 있다. 부모나 어릴 때의 환경을 탓하며 시간을 보낼 수도 있지만, 그렇게 되면 계속 피해자의 패턴에만 갇혀있게 될 것이다. 그건 당신이 원하는 좋은 것을 얻는 데 전혀 도움이 되지 않는다.

    사랑은 내가 아는 가장 위대한 지우개다. 사랑은 가장 깊고 고통스러운 기억도 지워버린다. 사랑은 그 어떤 것보다 깊숙한 곳까지 들어갈 수 있기 때문이다. 과거에 얽힌 정신적 이미지가 지독하게 강해서 '모든 게 그들 잘못'이라고 계속 단언한다면, 꼼짝없이 그 생각에 갇히게 된다. 당신은 고통의 삶을 원하는가, 기쁨의 삶을 원하는가? 선택권과 힘은 항상 당신 안에 있다. 자신의 눈을 들여다보면서 자기 자신과 내면의 아이에게 사랑을 보내라.

내가 하는 모든 생각이
내 미래를 엽니다

학교에 입학하면 가장 먼저 '생각이 작용하는 방식'이라는 과목부터 가르쳤으면 좋겠다. 아이들이 왜 전투가 벌어진 날짜 같은 걸 암기해야 하는지 도통 모르겠다. 그보다는 '마음이 작동하는 방식', '재정 관리법', '금전적 안정을 위한 투자 방법', '좋은 부모가 되는 방법', '좋은 관계를 맺는 방법', '자존감을 키우고 유지하는 방법' 같은 중요한 과목을 가르치는 게 좋지 않을까?

학교에서 정규 교육 과정과 함께 이런 과목들을 가르쳤다면, 지금 우리들의 삶은 어떻게 바뀌었을까? 이런 진리가 어떤 식으로 드러날지 생각해보라. 자신을 긍정적으로 생각하는 행복한 사람들이 많아질 것이다. 현명하게 돈을 투자해 금전적으로 안정되고 경제를 풍요롭게 하는 이들도 많을 것이다. 그들은 모든 사람과 좋은 관계를 맺고 부모 역할도 잘 해내면서 자신을 긍정적으로 바라보는 자녀 세대를 길러낼 것이다. 그리고 이런 역할들을 하는 동안 창의력을 마음껏 발휘할 것이다.

나는 생각을 바꿀 힘이 있으므로
사랑에 집중할 것입니다

인생은 정말 단순하다. 우리가 주는 만큼 돌려받는다. 우리가 하는 모든 생각이 우리의 미래를 만든다. 그리고 생각은 얼마든지 바뀔 수 있다. 이건 우리의 건강 문제에도 해당된다.

병은 전부 우리 몸에서 만들어지는 것이며, 우리에게는 생각을 바꿔서 병을 치유할 수 있는 힘이 있다. 원망과 부정적인 생각을 버리면 가장 '고치기 힘든' 병을 낫게 하는 데도 도움이 될 것이다.

달리 무엇을 해야 할지 모를 때는 사랑에 집중하자. 스스로를 사랑하면 기분이 좋아지고, 건강은 이렇게 좋은 기분에서부터 시작된다. 진정으로 자신을 사랑하면 건강을 비롯한 인생의 모든 것이 제대로 작동한다.

나는 이 세상에서
편안함을 느낍니다

지구의 에너지는 사랑스럽다. 나는 매일 시간을 내서 마음을 활짝 열고 모든 사람과 연대감을 느끼려고 노력한다. 내가 어디서 태어나 어디서 자랐든, 내 피부색이 어떻든, 어떤 종교를 믿으며 자랐든, 세상 모든 사물과 모든 사람은 하나의 힘에 연결되고, 그걸 통해 우리의 욕구가 충족된다.

나는 세상의 모든 가족과 따스하고 애정 넘치는 열린 소통을 한다. 세상에는 인생을 나와는 매우 다른 시각으로 바라보는 사람들도 있고, 나보다 젊은 사람, 나이 든 사람, 동성애자, 이성애자, 피부색이 다른 사람들도 있다. 나는 지구 공동체의 일원이다. 서로 의견이 다른 것은 멋지고 다채로운 표현의 다양성일 뿐, 어느 한쪽 편을 들거나 전쟁을 일으켜야 하는 이유가 아니다. 나부터 편견을 해소하면 지구 전체가 평화로워진다.

오늘 우리가 서로 사랑해도 안전한 세상을 만들어가는 동안, 내 마음은 어제보다 조금 더 열린다.

나는 세상을 사랑하려고
이곳에 왔습니다

Sept.
12

우리는 세상을 비추는 사랑스러운 거울이 되기 위해 여기에 있다.
우리가 자신을 많이 사랑할수록, 세상에 투영하는 고통이 줄어든
다. 자신을 평가하는 걸 멈추면, 자연스레 다른 사람에 대한 평가
도 줄어든다. 자신을 공격하는 걸 멈추면, 다른 사람도 공격하지
않게 된다. 자신을 거부하는 걸 그만두면, 다른 사람들이 우리 감
정을 상하게 한다고 비난하는 것도 멈추게 된다. 자신을 더 사랑
하기 시작하면, 그만큼 방어적인 태도는 줄어들고 더 개방적인 모
습을 보이게 된다. 자신을 사랑하면 자연스럽게 다른 사람도 더
사랑하게 된다. 자기애가 가장 큰 선물인 까닭은 당신이 자신에게
주는 사랑을 다른 이들도 느낄 수 있기 때문이다.

　사랑은 언제나 공유된다. 그건 진정한 행복이나 성공과 비슷한
선물이다. 자기뿐만 아니라 다른 사람들에게도 이익이 되는 것이
다. 나는 사랑에 대해 생각할 때 내가 빛의 원 안에 서있는 모습
을 상상한다. 이 원은 사랑을 상징하므로 사랑에 둘러싸인 내 모
습을 보는 것이다. 내 몸과 마음에서 이런 사랑을 느끼면, 그 원이
점점 커져서 방을 가득 채우고 그다음엔 우리 집의 모든 공간, 주
변 동네와 도시 전체, 나라 전체, 행성 전체, 그리고 결국 세상 전
체로 확장되는 걸 보게 된다. 내게 사랑이란 그런 것이다. 사랑은
그런 식으로 작동한다.

나라는 훌륭한 존재를 끊임없이 사랑하고 진가를 인정하는 것은 우리의 행복에 결정적인 역할을 한다. 우리 몸, 아니 우리가 이번 생에 입기로 한 복장은 경이로운 발명품이다. 이건 우리에게 완벽하다. 우리 내면의 지성은 심장을 뛰게 하고, 우리 몸에 숨을 불어넣으며, 베인 상처나 부러진 뼈를 치료하는 방법을 알고 있다. 우리 몸에서 일어나는 모든 일은 기적이다. 우리 몸의 모든 부분을 존중하고 귀하게 여긴다면, 건강이 크게 개선될 것이다.

몸의 어떤 부분이 마음에 들지 않는다면, 한 달 동안 계속해서 그 부분에 사랑을 불어넣어 보자. 말 그대로 자기 몸에게 사랑한다고 말하는 것이다. 과거에 싫어했던 걸 사과할 수도 있다. 이 훈련은 지나치게 단순하게 보일지 모르지만 효과가 있다. 자신의 안팎을 다 사랑하자.

지금 자신을 위해 만들어낸 사랑이 평생 당신과 함께할 것이다. 스스로를 미워하는 법을 배워서 무심코 사용해온 것처럼, 우리는 자신을 사랑하는 법도 배울 수 있다. 의지력과 약간의 연습만 있으면 된다.

내 몸을 사랑할수록
더 건강해집니다

식사 준비를 위한 긍정 확언

몸에 좋은 식사를 준비하는 건 기쁜 일이다.

내 최고의 건강을 떠받쳐주는 음식을

선택하는 것은 정말 감사한 일이다.

나는 영양가 있고 맛있는 식사를 쉽게 만들 수 있다.

나는 주방에서 시간을 보내는 걸 좋아한다.

나는 건강을 위해 시간과 돈을 투자할 가치가 있는 사람이다.

오늘은 어떤 음식이 나에게 영양분을 전해줄까?

나는 몸 속에서 조화롭게 작용하는

음식을 고르는 걸 좋아한다.

나는 한 번에 한 가지씩

내 몸을 치유하는 새로운 방법을 배우고 있다.

음식을 준비할 때마다

자연과 다른 존재들과의 관계를 통해 영양이 공급된다.

나는 이 시간을 이용해 기꺼이 내 몸에 양분을 제공할 것이다.

내 내면의 아이는 자라서
꽃을 피우고 싶어 합니다

내면의 아이에게 당신을 소개하자. 시간을 내서 그 아이를 품에 안고 이곳이 얼마나 안전한 곳인지, 아이가 얼마나 사랑받고 있는지 알려주자. 자신을 사랑하기 위해 이렇게 커다란 발걸음을 내디딘 당신이 정말 자랑스럽다.

1. 아주 행복했던 순간에 찍은 어린 시절 사진을 찾는다. 생일 파티를 하거나 친구들과 놀거나 가장 좋아하는 장소를 방문했을 때 찍은 사진이 있을 것이다.
2. 그 사진을 욕실 거울에 붙인다.
3. 사진 속의 활기차고 행복한 아이와 대화를 나누자. 얼마나 그때의 기분을 다시 느끼고 싶은지 아이에게 얘기하자. 내면의 아이에게 당신의 진실한 감정과 지금 발목을 잡고 있는 문제에 대해 털어놓는다.
4. 자신을 향해 다음과 같이 긍정적인 확언을 하자. 나는 모든 두려움을 떨쳐버릴 거야. 나는 안전해. 나는 내면의 아이를 사랑하고 있어. 난 행복하고 만족스러우며 사랑받고 있어.
5. 이 확언을 10회 반복한다.

변화를 이루기가
점점 쉬워진다고 믿습니다

당신의 내면에는 자신의 생각과 말에 끊임없이 반응하는 놀라운 힘과 지성이 있다. 생각을 의식적으로 선택해 마음을 다스리는 법을 배우면, 이 힘과 동맹을 맺게 된다.

마음이 주도권을 쥐고 있다고 생각하지 마라. 마음을 다스리는 건 당신이다. 당신은 마음을 원하는 대로 움직일 수 있다. 낡은 생각을 그만할 수 있다.

오래된 생각 패턴이 "변하기가 너무 힘들다"고 말해도 여기에 휘둘리지 말고, 대신 "이제 변화를 이루기가 점점 쉬워진다고 믿기로 했다"고 말해보자. 당신이 상황을 통제하고 있고 당신 말이 통한다는 걸 인정받으려면, 마음속에서 이 대화를 여러 번 나눠야 할지도 모른다.

지금의 나 자신을
전적으로 사랑합니다

우리 중에는 제대로 기능하지 않는 가정에서 자란 이들이 많다. 그래서 이들은 자기 자신이나 인생과의 관계에 대해 부정적인 감정을 많이 품고 있다. 어릴 때부터 공포와 학대를 경험한 사람은 종종 다 자란 뒤에도 그 경험을 계속 재현한다. 부모의 사랑과 애정을 받지 못한 건 자기가 나빠서이므로 그런 학대를 받아 마땅하다고 여기며 자신에게 가혹하게 굴지도 모른다. 하지만 우리에게는 이 모든 걸 바꿀 힘이 있다는 것을 깨달아야 한다.

우리가 지금까지 살면서 경험한 모든 사건은 과거의 생각과 신념을 통해 만들어졌다. 우리는 자기 삶을 돌아보면서 부끄러워할 필요가 없다. 과거도 풍요롭고 충만한 삶의 일부이다. 이런 풍요와 충만함이 없었다면 우리는 오늘 여기에 없었을 것이다. 더 잘하지 못했다는 이유로 자신을 비난할 필요는 없다. 우리는 최선을 다해 끔찍한 상황에서 살아남았다. 이제는 과거를 사랑으로 놓아주고, 그것이 우리를 새로운 자각으로 이끌어준 것에 감사할 수 있다.

내 목표는 어제보다 오늘의 나를 더 사랑하는 것입니다

Sept.
18

과거는 우리 마음속에만 존재하며, 우리가 그걸 바라보고자 하는 방식에 따라 존재한다. 우리가 살아가는 건 지금 이 순간이다. 우리가 느끼는 건 지금 이 순간이다. 우리가 경험하는 것도 지금 이 순간이다. 지금 우리가 하는 일이 내일을 위한 토대를 마련한다. 따라서 지금 결정을 내려야 한다. 내일은 그 일을 할 수 없고 어제도 할 수 없었다. 그건 오늘만 할 수 있는 일이다. 중요한 건 우리가 지금 무엇을 생각하고 믿고 말하는가이다.

자신을 사랑하고 위대한 힘을 신뢰하는 법을 배우면, 무한한 정신과 함께 애정 넘치는 세상을 만들어갈 수 있다. 우리는 자신에 대한 사랑을 통해서, 피해자의 입장에서 벗어나 승자가 될 수 있다. 자신에 대한 사랑이 멋진 경험을 끌어들이는 것이다.

나는 사랑의 힘을
믿습니다

사랑은 폭력보다 강하다. 사랑은 이 지구에서 살아가는 모든 인간의 마음속에 존재한다. 지구상에 폭력이 발생하는 곳이면, 어디서나 사랑이라는 더 중요한 문제에 귀를 기울여야 한다. 나는 모든 폭력적인 보도 속에서 이 침묵의 외침을 듣는 법을 배우고 있다. 나는 내 마음의 도구를 믿으며, 이 도구를 이용해 부정적인 경험의 속박에서 벗어나 새롭고 긍정적인 가능성으로 나아간다.

　자신의 마음을 창의적인 도구로 활용하는 법을 배우지 못한 탓에 어릴 때 주입된 믿음에 따라 살아가는 이들이 많다. 믿음은 매우 강력하다. 사람들은 자신의 믿음을 정당화하고 보호하기 위해 서로 싸우고 죽인다. 그러나 믿음은 생각일 뿐이며, 생각은 언제든 바뀔 수 있다.

　나는 나를 사랑한다. 그러므로 이제 잔인한 생각이나 혹독한 비판, 가혹한 판단으로 나 자신이나 다른 누군가를 해치지 않는다. 나는 나를 사랑한다. 그래서 내게 해가 될 만한 생각을 모두 떨쳐 버린다. 나는 나를 사랑한다. 그래서 지금껏 해왔던 피해자 역할이나 가해자 역할을 모두 그만둘 것이다.

좋은 건 뭐든지
마음을 열고 받아들입니다

두 팔을 벌리고 일어서서 "나는 좋은 건 뭐든지 마음을 열고 받아들일 거야."라고 말해보자. 기분이 어떤가?

이제 거울을 보면서 좀 더 감정을 담아 이 말을 반복한다.

어떤 기분이 드는가? 해방감과 기쁨을 느끼는가? 아니면 어디론가 숨고 싶은가?

깊게 숨을 들이쉬자. 그리고 다시 한번 말한다. "나는 마음을 열고 _____을(를) 받아들일 거야[직접 빈칸을 채워보자]."

매일 아침 이 훈련을 해보자. 이건 번영을 누리기 위한 의식을 고조시키고, 당신 인생에 더 좋은 것을 가져올 수 있는 놀랍도록 상징적인 몸짓이다.

나는 평화로운 삶의 방식을 택했습니다

평화로운 세상에 살고 싶다면, 자신이 평화로운 사람인지 확인해야 한다. 남들이 어떻게 행동하든 나는 마음속에 평화를 간직하고 있다. 혼돈이나 광기 속에서도 평화를 선언한다. 나는 모든 어려운 상황을 평화와 사랑으로 감싸고 있다. 세계의 모든 분쟁 지역에 평화에 대한 생각을 보낸다. 세상을 더 좋은 쪽으로 변화시키고 싶다면, 세상을 바라보는 방식을 바꿔야 한다. 나는 이제 인생을 매우 긍정적으로 바라본다. 평화는 나의 생각에서 시작된다는 걸 안다. 평화로운 생각을 계속하면서 나와 생각이 비슷한 평화로운 이들과 연결된다. 우리는 함께 힘을 모아 세상에 평화와 풍요를 안겨줄 것이다.

내 몸은 내가 사랑하는
좋은 친구입니다

과거에 내 몸을 잘 돌보지 않았던 나 자신을 용서한다. 나는 당시 가지고 있던 이해와 지식을 바탕으로 할 수 있는 최선을 다했다. 이제는 인생이 제공하는 최고의 것들을 이용해 나에게 자양분을 공급하고 신경을 쓴다.

내 몸을 최고의 건강 상태로 끌어올리기 위해 필요한 걸 내 몸에 공급한다. 나는 영양가 있는 음식을 즐겁게 먹는다. 자연이 준 순수한 물을 많이 마신다. 계속해서 재미있고 새로운 운동 방법을 찾는다. 나는 내 몸의 안과 밖을 구석구석 다 사랑한다. 이제 내 몸의 세포들을 위해 내적 화합을 이룰 수 있는, 평화롭고 조화로우며 사랑스러운 생각을 선택한다. 나는 인생의 모든 부분과 조화를 이루고 있다.

내 몸은 내가 사랑하는 좋은 친구다. 나는 좋은 보살핌과 좋은 자양분을 공급받는다. 나는 푹 쉰다. 평화롭게 잠을 잔다. 아침에는 기쁘게 잠에서 깬다. 인생은 아름답고, 나는 사는 게 좋다. 그리고 앞으로도 늘 그럴 것이다.

내가 생각을 바꾸면
주변 세상이 변합니다

어떤 문제든 전부 생각 패턴에서 나오는 것이며, 생각 패턴은 얼마든지 바꿀 수 있다. 우리가 살면서 힘들게 씨름하는 문제가 전부 사실이라고 느낄 수도 있고, 사실처럼 보일 수도 있다. 그러나 우리가 처리하는 문제가 아무리 어렵더라도, 그건 외적인 결과이거나 내적인 생각 패턴의 영향일 뿐이다.

　당신 인생의 문제점들을 살펴보라. 그리고 "어떤 생각 때문에 이런 문제가 생겼을까?" 자문해보라. 조용히 앉아서 이 질문을 던지면 내면의 지성이 그 답을 보여줄 것이다.

새로운 삶의
문을 엽니다

인생의 복도에 서있는 우리의 등 뒤에는 닫혀있는 문들이 많다.
그 문은 우리가 더 이상 행동하지 않거나, 말하지 않거나, 생각하
지 않거나, 경험하지 않는 일들을 나타낸다. 우리 앞에는 수많은
문이 있는 복도가 끝없이 펼쳐져 있는데, 각각의 문은 새로운 경
험을 향해 열린다.

앞으로 나아가면서 멋진 경험의 문을 여는 자신을 보라. 기쁨,
평화, 치유, 번영, 사랑의 문을 여는 자신의 모습을 보라. 이해, 동
정, 용서로 향하는 문. 자유를 향한 문. 자존감과 자부심의 문. 자
기애로 향하는 문. 그 모든 것이 당신 앞에 있다. 그중 어느 문을
가장 먼저 열겠는가?

내면의 인도자가 당신을 가장 좋은 길로 인도하고 있으며, 정신
적인 성장이 계속 확대된다고 믿자. 어느 문이 열리고 닫히건 상
관없이 당신은 항상 안전하다.

나는 내 삶의 모든 영역에서 성취감을 느낍니다

감사하는 마음으로 받아들이는 법을 배워라. 받아들이는 법을 배워야 하는 까닭은, 이 세상은 우리가 열린 태도로 받아들이는 걸 단순히 번영의 교환으로만 인식하지 않기 때문이다. 우리가 겪는 문제의 상당 부분은 받아들이지 못하는 데서 기인한다. 줄 수는 있지만 받는 건 너무 어렵다.

누군가 선물을 주면 미소를 지으며 고맙다고 말한다. 그 사람에게 "아, 이건 치수가 안 맞는데."라거나 "이 색은 내게 어울리지 않아."라고 말한다면, 그 사람은 다시 선물을 건네지 않을 것이다. 무조건 고맙게 받아들이고, 그게 정말 자기에게 맞지 않는다면 쓸 수 있는 다른 사람에게 주면 된다.

자기가 가진 것에 감사해야 더 좋은 것들을 끌어들일 수 있는 법이다. 다시 한번 말하지만, 부족한 부분에만 초점을 맞추면 그 부족함만 계속 다가올 것이다. 빚을 지고 있다면 자신을 비난하는 게 아니라 용서해야 한다. 확언과 시각화를 통해 빚을 갚는 것에 초점을 맞춰야 한다.

사랑하는 친구처럼
나를 대합니다

사랑하는 친구를 대하듯 특별하게 나를 대해보라. 일주일에 한 번씩 자신과 데이트하는 습관을 들이고 계속 유지한다. 식당이나 영화관, 박물관에 가거나, 특별히 좋아하는 운동을 할 수도 있다. 이 행사를 위해 옷을 차려입고, 가장 좋아하는 음식을 먹는 것도 좋다. 동행을 위해 좋은 걸 아껴두지 말고 직접 자신의 동행이 되는 것이다. 먹고 싶은 걸 마음껏 먹으면서 자신을 소중히 보살펴야 한다.

그리고 닥치는 대로 친절을 베풀어본다. 다른 사람을 위해 통행료를 내준다. 공중화장실에서는 다음에 쓸 사람을 위해 주변을 깨끗이 정돈한다. 해변이나 공원에서 쓰레기를 줍는다. 낯선 사람에게 꽃을 건넨다. 감사하는 사람에게 그 마음을 직접 전한다. 외로운 노인에게 책을 읽어준다. 친절한 행동을 하면 우리도 기분이 좋아진다.

내가 살고 있는 아름다운 세상에
감사합니다

지구는 지혜롭고 애정 넘치는 어머니다. 지구는 우리가 원하는 건 뭐든지 제공해준다. 우리의 욕구를 모두 처리해준다. 물, 음식, 공기도 있고 동료들도 있다. 무한히 다양한 동물, 초목, 새, 물고기, 그리고 놀라운 아름다움이 있다. 우리는 최근 몇 년 동안 이 행성에 아주 몹쓸 짓을 했다. 우리의 귀중한 자원을 다 써버렸다. 이런 식으로 계속 지구를 엉망으로 만든다면 살 곳이 없어질 것이다.

　나는 이 세상을 다정하게 보살피고 생활을 질을 높이기 위해 헌신하고 있다. 내 생각은 명확하고 다정하며 염려로 가득하다. 나는 기회만 있으면 항상 친절하게 행동한다. 나는 재활용을 하고 퇴비를 만들며 유기적인 방법으로 정원을 가꾸고 토질을 개선한다. 이곳은 내 행성이므로 이곳을 더 살기 좋은 곳으로 만드는 일을 돕는다. 나는 매일 평화로운 행성을 열심히 상상하면서 조용한 시간을 보낸다. 깨끗하고 건강한 환경의 가능성을 상상한다. 지구상의 모든 사람이 마음을 열고 우리가 서로 사랑해도 안전한 세상을 만들기 위해 함께 노력하는 모습을 본다. 이건 가능한 일이다. 그리고 그 일은 나로부터 시작된다.

내 안의 힘을
느낍니다

두 팔을 벌리고 사랑하는 마음으로 이 새로운 날을 환영하라. 우리 안에 있는 힘을, 숨결의 힘을, 목소리의 힘을, 사랑의 힘을, 용서의 힘을, 변화에 대한 의지의 힘을 느껴보는 것이다.

　당신은 아름답다. 당신은 신성하고 웅장한 존재다. 좋은 걸 전부, 일부가 아니라 전부 받을 자격이 있다. 자신의 힘을 느끼면서 편안하게 받아들여라.

삶이 내게 베풀어준
모든 관대함에 깊이 감사합니다

나는 인생과 하나이고, 인생은 나를 사랑하고 지지해준다. 그러
므로 나를 위한 풍요로운 인생의 번영이 준비되어 있을 것이다.
나는 시간, 사랑, 기쁨, 편안함, 아름다움, 지혜, 성공, 돈이 풍부하
다. 나는 내 부모와 다르고, 그들의 재정적 패턴을 이어받지도 않
았다. 나는 나만의 독특한 자아이며, 모든 형태의 번영을 열린 마
음으로 받아들일 것이다. 나는 삶이 내게 베풀어준 모든 관대함에
깊이 감사한다. 수입은 계속 증가하고, 나는 평생 풍요롭게 살아
갈 것이다. 이것이 내 존재의 진실이며, 나는 그렇게 받아들인다.
내 번창하는 세상에서는 만사가 순조롭다.

내가 하는 모든 일의
모든 순간을 즐깁니다

매 생애마다

우리는 항상 영화 중간에 들어온다.

그리고 항상 영화 중간에 떠난다.

적당한 때도 없고, 잘못된 때도 없다.

그저 우리의 시간일 뿐이다.

영혼은 우리가 들어오기 훨씬 전에 선택을 한다.

우리는 어떤 교훈을 경험하기 위해 왔다.

우리는 자신을 사랑하기 위해 왔다.

'그들'이 무슨 짓을 하고 무슨 말을 했든

우리는 자신과 다른 이들을 소중히 여기려고 왔다.

사랑의 교훈을 배우면 우리는 기쁘게 떠날 수 있을 것이다.

고통이나 아픔은 필요 없다.

다음번에 또 어디에서 태어나게 되든

어떤 행동을 하게 되든

우리는 모든 사랑을 함께 가져갈 것이다.

나는 나의 본모습과
내가 하는 모든 일을 사랑합니다

내가 존재하는 무한한 삶 속에서는

모든 것이 완벽하고 온전하게 갖춰져 있다.

나는 나를 지지하고, 삶은 나를 지지한다.

내 주변과 내 삶의 모든 영역에서

영적인 법칙이 잘 작용하고 있다는 증거가 보인다.

나는 즐거운 방식으로 배우고 그걸 강화한다.

나의 하루는 감사와 기쁨으로 시작한다.

내 인생에서는 모든 게 순조롭다는 걸 알기에

날마다의 모험을 열정적으로 기대한다.

나는 나의 본모습과 내가 하는 모든 일을 사랑한다.

나는 살아 움직이는 사랑스럽고 즐거운 인생의 표상이다.

내 세상에서는 만사가 순조롭다.

변화된 생각을
받아들입니다

우리는 언제든 자신의 신념 체계를 바꿀 수 있다. 우리는 한때 지구가 평평하다고 믿었다. 이제 그것은 더 이상 진실이 아니다. 이렇게 우리는 생각하는 내용을 바꿀 수 있고, 그걸 정상적인 것으로 받아들일 수 있다. 우리는 오래도록 건강하고, 사랑스럽고, 부유하고, 현명하고, 즐거운 삶을 살 수 있다.

내 사랑은
강력합니다

나는 나 자신을 깊은 사랑으로 대한다. 온갖 사건들이 생겼다가 사라지지만, 그런 와중에도 나에 대한 사랑은 변함없이 일정하다. 이건 허영심이나 자만심이 아니다. 허영심이나 자만심이 강한 이들은 "내가 너보다 낫다"는 태도를 통해 자기혐오를 감추는 경우가 많다. 반면 자기애란 자기 존재의 기적을 인정하는 것이다. 자신을 진정으로 사랑하는 사람은 자신을 다치게 할 수도, 다른 사람을 다치게 할 수도 없다. 내가 생각할 때 세계 평화에 대한 답은 조건 없는 사랑이다. 그건 자기 수용과 자기애에서 시작된다. 나는 더 이상 나를 사랑하기 위해 완벽해지기까지 기다리지 않는다. 나는 지금 이 순간의 나 자신을 있는 그대로 받아들인다.

나는 치유될 자격이 있습니다

루이스를 떠올리며_글 : 로버트 홀든

어느 날, 루이스는 말했다. "자기가 치유될 수 있다는 걸 알고 있으면 적합한 도움의 손길이 찾아올 거예요. 그러면 기꺼이 그 일을 하는 거죠."

그렇다면 치유에 필요한 것들을 끌어들이려면 뭘 해야 할까? 이 같은 의문을 표하자 그녀가 답했다.

"먼저 그 문제에 대한 생각을 바꿔야 해요. 누구나 치유에 대한 아이디어와 어떤 게 효과가 있고 없는지에 대한 생각들을 갖고 있죠. 하지만 그 생각을 바꿀 필요가 있어요. '이건 할 수 없다'를 '할 수 있어, 방금 방법을 알아냈어'로 말이죠. 나는 불치병이란 말을 이렇게 해석해요. 현재로서는 외적인 방법으로 치료할 길이 없으니 안으로 들어가야 한다는 의미라고요. 물론 그건 생각을 바꿔야 한다는 뜻이에요. 또 자기 가치를 키워야 해요. 자기가 치유될 가치가 있는 사람이라고 믿는 거죠. 그걸 강한 믿음과 확언으로 발전시킬 수 있다면, 인생이 그 치유를 이루기 위해 필요한 것들을 가져다줄 거예요."

나는 배우고 성장하기에
늦은 나이가 아닙니다

어떤 일을 하기에 나이가 너무 많다고 생각하는 실수를 절대 저질러선 안 된다. 나는 사람들을 가르치기 시작한 40대 중반이 되어서야 비로소 삶의 의미를 깨닫기 시작했다. 50세에 나는 아주 작은 규모로 출판사를 시작했다. 60세에 처음으로 정원을 가꾸기 시작해, 내가 먹을 음식을 직접 키우는 열성적인 유기농 정원사가 되었다. 70세에는 어린이를 위한 미술 수업에 등록했다. 그리고 몇 년 후, 성인 미술반을 졸업하고 내 그림을 팔기 시작했다.

최근에는 내가 두려워하는 분야로 활동 영역을 넓히기로 결심하고 볼룸 댄스를 배우기 시작했다. 요즘에는 일주일에 몇 번씩 수업을 들으면서 춤을 배우고 싶다는 어린 시절의 꿈을 이루고 있다. 또 요가도 했는데 덕분에 내 몸이 긍정적인 변화를 일으키고 있다.

나는 경험하지 못한 것들을 배우는 걸 좋아한다. 내가 앞으로 뭘 할지 누가 알겠는가? 내가 아는 건 이곳을 떠나는 날까지 계속 긍정 확언을 하면서 새로운 창조성을 발휘할 거라는 사실이다.

어떤 사람은 "확언은 효과가 없다"(이 말 자체가 확언이다)고 하는데, 이건 확언을 제대로 사용하는 방법을 모르기 때문이다. 그들은 입으로는 "내 번영이 증가하고 있다"고 말할지 몰라도 속으로는 '오, 이건 바보 같은 짓이야. 효과가 있을 리가 없지'라고 생각한다. 이 경우 어떤 확언이 승산이 있을까? 당연히 부정적인 쪽이다. 삶을 바라보는 오래된 습관의 일부이기 때문이다. 때로 사람들은 하루에 한 번씩 확언을 하고 남는 시간에는 불평만 한다. 그런 식으로 한다면 확언이 효과를 발휘하기까지 긴 시간이 걸릴 것이다. 불평하는 확언이 언제나 이기는 이유는 불평 쪽이 더 많고 더 강한 감정을 실어서 말하기 때문이다.

사실 확언을 말하는 건 과정의 일부일 뿐이다. 평소에 어떻게 하는지가 더 중요하다. 당신의 확언이 빠르고 일관되게 작용하도록 하는 비결은 그것이 성장할 수 있는 분위기를 마련하는 것이다. 긍정 확언은 흙에 심은 씨앗과도 같다. 토양이 열악하면 잘 크지 못한다. 토양이 비옥하면 풍부하게 성장한다. 기분 좋아지는 생각을 고를수록 확언은 빨리 통한다.

나의 내면에서 진행되는 대화는
친절하고 애정이 넘칩니다

나는 이 땅에서 할 수 있는 독특한 역할이 있고, 또 그 일을 할 수 있는 도구도 가지고 있다. 내가 하는 생각과 내가 하는 말은 믿을 수 없을 정도로 강력한 도구다. 나는 이걸 이용해서 만들어낸 것들을 즐긴다. 명상이나 기도, 아침에 10분씩 하는 긍정 확언도 멋지지만, 이걸 하루 내내 지속하면 더 좋은 결과를 얻을 것이다. 실제로 내 삶을 이루는 것은 순간순간의 생각이라는 것을 기억한다. 힘의 중심, 즉 내가 변화를 이루는 곳은 언제나 지금 여기다. 그러니 지금 하는 생각을 잠시 붙잡아서 그 생각이 내 미래를 만들어가길 원하는지 스스로에게 물어보자.

사랑은 나를 진정한 모습으로
살아가도록 돕습니다

나는 딱 한 가지만 가르친다. 바로 자신을 사랑하라는 것이다. 자신을 사랑하기 전까지는 자기가 정말 어떤 사람인지 절대 알지 못하고, 어떤 능력이 있는지도 알 수 없다. 자신을 사랑해야 성장할 수 있다. 사랑은 과거를 넘어, 고통을 넘어, 두려움을 넘어, 자아를 넘어, 자신에 대한 모든 사소한 생각을 넘어 성장할 수 있게 도와준다. 사랑은 당신을 만든 소재이고, 진정한 모습으로 살아가도록 도와준다.

모든 관계에는
교훈과 선물이 존재합니다

우리는 이 세상에서 소중한 교훈을 얻기 위해 지금의 부모를 선택했다. 당신의 고귀한 자아는 영적인 길을 계속 나아가기 위해 어떤 경험이 필요한지 알고 있었다. 그러니 당신이 부모님을 선택한 이유가 무엇이든 간에, 그 일을 계속해나가라. 부모님이 지금 어떤 말과 행동을 하든, 혹은 과거에 어떤 말과 행동을 했든, 당신은 자기 자신을 사랑하기 위해 이곳에 와 있는 것이다.

자녀가 있는 사람들은 아이가 마음 놓고 자신을 긍정적이고 무해한 방법으로 표현할 수 있는 공간을 제공해서, 아이들이 자신을 사랑할 수 있게 하라. 우리가 부모님을 선택했듯이 우리 아이들도 우리를 선택했다는 걸 기억해야 한다. 우리 모두가 이런 관계를 통해 얻어야 하는 중요한 교훈이 있다.

스스로를 사랑하는 부모는 자녀에게 자기애를 가르치기가 더 쉽다. 우리가 스스로를 긍정적으로 받아들이면 아이들에게 직접 모범을 보이면서 자존감에 대해 가르칠 수 있다. 우리가 자신을 사랑하기 위해 노력하면 할수록 아이들도 그게 좋은 일이라는 걸 깨닫게 될 것이다.

우리의 믿음 가운데 일부는 긍정적이고 좋은 영향을 준다. 예를 들어, 길을 건너기 전에 좌우를 두루 살펴야 한다는 생각은 삶의 모든 부분에 도움이 된다.

그런가 하면 어떤 생각은 처음에는 매우 유용하지만 나이가 들면서 점점 도움이 되지 않을 수도 있다. 낯선 사람을 믿지 말라는 건 어린아이에게는 좋은 충고일지 모르지만, 어른이 이런 믿음을 계속 품고 있으면 고립감과 외로움만 느끼게 될 뿐이다.

왜 우리는 '그게 정말일까?'라고 자문해보는 일이 좀처럼 없을까? 일례로 왜 나는 '배우는 건 정말 힘들어' 같은 생각을 품고 있는 걸까?

그보다 더 좋은 질문도 있다. '그게 지금의 내게도 적용되는 생각일까? 그런 생각은 어디서 온 걸까?' 초등학교 1학년 때 선생님이 그런 말을 자꾸 해서 아직도 그렇게 믿는 건지, 그런 생각을 버리면 사는 게 어떻게 달라질지 생각해보라.

용서하면
지유로워집니다

사람들은 자기가 이해하고 지각하는 범위 안에서만 일을 처리할 수 있다. 우리가 집착하는 그 사건은 이미 끝난 일이다. 그러니 이제 놓아버리고 자유로워져라.

1. 거울 앞에 앉아 눈을 감는다. 숨을 몇 번 깊게 들이마신다. 의자에 깊숙이 앉아있는 자신을 느낀다.

2. 지금껏 살면서 당신을 상처 입힌 많은 이들을 생각해본다. 이제 눈을 뜨고 그들 중 한 명에게 큰 소리로 말을 건다. "너는 내게 큰 상처를 줬어. 하지만 나는 더 이상 과거에 얽매이지 않을 거야. 널 용서할게."라고 말하는 것이다. 아직 그렇게 할 수 없다면 그냥 그럴 용의가 있어, 라는 확언만 해도 충분하다. 용서를 향해 나아가는 데 필요한 건 당신의 의지뿐이다.

3. 숨을 한 번 깊게 들이쉬고 나서 그 사람에게 "널 용서할게. 내 마음에서 널 놓아줄 거야."라고 말한다. 그리고 다시 한번 깊게 숨을 쉬면서 "너는 자유야. 나도 자유고."라고 말한다.

4. 이때 자신의 기분이 어떤지 살펴본다. 저항감을 느끼는가, 아니면 안도감을 느끼는가? 만약 저항감을 느낀다면 심호흡을 하면서 나는 모든 저항감을 물리칠 거야, 라고 확언한다.

5. 명심할 것은 용서란 단발적인 사건이 아니라 꾸준히 진행되는 과정이라는 점이다. 어떤 사람은 조금 더 오래 노력해야 할지도 모른다.

나는 내 나이를
평온하게 받아들입니다

내가 존재하는 무한한 삶 속에서는
모든 것이 완벽하고 온전하게 갖춰져 있다.
나이가 들면 당연히 찾아온다고 믿었던
한계와 부족함을 더 이상 믿지 않는다.
나는 해마다 세월이 흐르는 걸 기뻐한다.
내 풍부한 지식이 계속 자라나고,
내 지혜와 접촉할 수 있다.
나의 만년은 보물 같은 시절이고,
젊음과 건강을 유지하는 방법을 안다.
내 몸은 매 순간 새로워진다.
난 활달하고 명랑하며 건강하고 완전하게 살면서
내 마지막 날에 기여하고 있다.
난 이제 이런 이해를 바탕으로 살아가기로 했다.
나는 내 나이를 평온하게 받아들인다.

나이가 어떻게 되든
내 인생은 즐거울 깃입니다

Oct.
13

노화에 대한 긍정 확언

나는 나이에 상관없이 항상 젊고 아름답다.

나는 삶이 제공하는 모든 걸 경험할 수 있다.

나는 성취감을 느낄 수 있는 생산적인 방법으로 사회에 기여한다.

나는 내 재정과 건강, 미래를 책임지고 있다.

나는 살면서 만난 모든 아이들과 청소년들을 존경하고 존중한다.

우리 가족은 나를 지지하고, 나도 그들을 지지한다.

나는 접촉한 모든 이들에게 존경을 받는다.

나는 살면서 만난 모든 노인들을 존경하고 존중한다.

내게는 세상의 모든 시간이 있다.

내게 한계 같은 건 없다.

나는 지구상의 모든 이들과
하나입니다

세상에는 상충하는 두 가지 힘, 즉 선과 악만이 존재하는 게 아니다. 세상에는 하나의 무한한 영이 있고, 인간들은 모든 부분에서 자신에게 주어진 지성과 지혜와 도구를 활용할 기회가 있다. 그들에 대해 말하는 것은 곧 우리에 대해 말하는 것이다. 우리가 국민이고, 우리가 정부고, 우리가 교회고, 우리가 행성이기 때문이다.

　변화를 시작할 수 있는 곳은 바로 우리가 있는 여기이다. '귀찮다'거나 '그들 때문'이라고 말하는 건 너무 쉽다. 하지만 사실 모든 것은 항상 나에게서 비롯된다.

내면에 보이는 모든 것을
사랑할 것입니다

당신은 자신을 어떻게 사랑하는가? 무엇보다도 중요한 건 자신과 타인에 대한 모든 비판을 중단하는 것이다. 있는 그대로의 자신을 받아들여라. 자신을 최대한 많이 칭찬하라. 비판은 내면의 영혼을 무너뜨리는 반면, 칭찬은 그 영혼을 발전시킨다. 거울을 자주 들여다보면서 널 사랑해, 정말 정말 사랑해, 라고 말해본다. 처음에는 어려울지 모르지만 계속 연습하다 보면 곧 자기가 하는 말을 진심으로 느끼게 될 것이다. 자신을 최대한 사랑하라. 그러면 인생이 이 사랑을 다시 당신에게 되돌려줄 것이다.

나는 긍정적인 생각을
음미합니다

세상은 당신이 하는 생각과 말을 문자 그대로 받아들이면서 당신
이 원하는 것을 준다. 항상 그렇다.

긍정적인 생각은 당신 삶에 좋은 걸 가져다준다. 부정적인 생각
은 그런 좋은 것들을 손이 닿지 않는 곳으로 계속 밀어낸다. 지금
까지 살면서 뭔가 좋은 걸 거의 얻을 뻔하다가 막판에 빼앗긴 적
이 몇 번이나 되는가? 그때의 정신 상태가 어땠는지 기억할 수 있
다면, 거기에 해답이 있을 것이다. 부정적인 생각이 너무 많으면
긍정적인 확언을 방해하는 장벽이 생긴다.

"더 이상 아프고 싶지 않아."는 건강을 위한 확언이 아니다. 자
기가 원하는 걸 분명하게 말해야 한다. "나는 이제 완벽한 건강을
받아들일 거야."

"이 차가 싫어."라는 말은 그 뜻이 명확하지 않기 때문에 멋진
새 차를 가져다주지 않는다. 새 차가 생긴다고 해도 금세 싫어질
것이다. 그게 당신이 했던 확언이기 때문이다. 새 차를 원한다면
"내 모든 필요에 알맞은 멋진 새 차를 가지고 있어."와 같이 말해
야 한다.

사랑을 준만큼
돌려받을 수 있습니다

우리는 정직이란 말을 자주 쓰지만, 정직의 진짜 의미를 항상 이해하고 있는 건 아니다. 그건 도덕성이나 착한 척하는 것과는 아무 상관이 없다. 체포되거나 감옥에 가는 것과도 거의 상관이 없다. 그건 우리 자신을 위한 사랑의 행위다.

정직의 가장 큰 가치는 우리가 살면서 뭘 주든지 간에 그걸 다시 돌려받는다는 것이다. 인과 법칙은 모든 부분에서 항상 작용한다. 만약 다른 사람을 업신여기거나 비판한다면, 우리 역시 비판을 받게 된다. 항상 화가 나있다면, 가는 곳마다 화난 사람을 만난다. 자신에 대한 사랑은 인생이 우리에게 주는 사랑과 조화를 이룬다.

사랑에 마음을 열면 열수록 안전합니다

매일 끊임없이 자신을 사랑하도록 노력하라. 가능한 순간마다 애정이 담긴 긍정 확언을 하라. 자신을 향한 사랑이 점점 커지는 걸 보여줘야 한다. 자신을 소중히 여기고, 당신이 얼마나 특별한 사람인지 스스로에게 보여주는 것이다.

1. 일기장에 어릴 때 어떤 사랑을 경험했는지 적는다. 부모님이 사랑과 애정을 표현하는 걸 보았는가? 포옹을 많이 받으면서 자랐는가? 가족 간의 다툼이나 눈물, 침묵 뒤에 사랑이 감춰져 있었는가?
2. 사랑의 긍정 확언 10개를 써서 거울 앞에서 연습하자. 몇 가지 예를 들자면, 나는 사랑할 가치가 있는 사람이야, 사랑에 마음을 열면 열수록 안전해, 오늘 나는 인생이 날 사랑한다는 걸 기억할 거야, 사랑이 완벽한 시기에 날 찾도록 할 거야, 같은 게 있다.
3. 하고 싶은 일을 열 가지 적는다. 그중 5개를 골라서 오늘 당장 해보자.
4. 몇 시간 동안 자신을 소중히 보살피자. 꽃을 사고, 몸에 좋은 음식을 먹고, 자기가 얼마나 특별한 사람인지 스스로에게 보여주는 것이다.
5. 이번 주 내내 이 과정을 반복한다.

나의 하루는
감사와 기쁨으로 시작하고 끝납니다

매일 가능한 한 많은 시간을 우리 삶 속에 있는 좋은 것들에 감사
하면서 보내라. 지금 당장은 인생에 좋은 일이 별로 없더라도 앞
으로 늘어날 것이다. 지금 풍요로운 삶을 살고 있다면 더 늘어날
것이다. 이건 윈-윈 상황이다. 당신이 행복하면 세상도 행복하다.
감사는 풍요를 더 늘린다.

　감사 일기를 써보라. 매일 감사할 일들을 적는다. 날마다 누군
가에게 당신이 얼마나 감사하고 있는지 말해보라. 상점 점원, 웨
이터, 우체부, 고용주와 직원, 친구, 가족, 그리고 전혀 모르는 사람
에게 말해도 좋다. 감사 비결을 공유하고, 모든 사람이 매사에 감
사한 마음을 주고받을 수 있는 세상을 만들어보는 것이다.

우리는 세상의 사랑을 받는 아이들이며 모든 걸 세상으로부터 받았다. 지구상에서 가장 고귀한 형태의 생명체인 우리는 여러 가지 일을 경험하기 위해 필요한 것을 모두 갖추고 있다. 우리 마음은 항상 하나의 무한한 마음과 연결되어 있다. 그러므로 제대로 믿기만 한다면 모든 지식과 지혜를 이용할 수 있다.

우리는 최고의 이익과 최고의 기쁨을 위한 것, 우리의 정신적 성장과 진화에 완벽하게 어울리는 것만 창조하리라고 믿는다. 우리는 자신을 있는 그대로 사랑한다. 특히 이번 생을 위해 선택한 육신에 만족하고 있다. 우리는 가장 큰 잠재력을 제대로 발휘하기 위해 매 순간 자신의 성격은 물론이고 몸까지 다시 만들거나 재구성할 수 있다는 걸 안다. 우리는 무한한 가능성을 기뻐하며 우리 앞에 모든 분야에 걸친 가능성의 총체가 놓여있음을 안다. 우리는 하나의 힘을 전적으로 신뢰하며, 우리가 사는 세상에서는 모든 일이 순조롭다는 걸 안다.

나이에
연연하지 않습니다

루이스를 떠올리며_글 : 로버트 홀든

내 아이들 보와 크리스토퍼는 루이스 헤이를 좋아하고, 그녀 역시 아이들에게 똑같은 애정을 느낀다. 그들이 함께 있는 모습을 지켜보면 재미있다. 루이스는 맹목적인 사랑을 표하지는 않는다. 아이들에게 간지럼을 태우지도 않는다. 게임을 하며 놀아주지도 않는다. 대신 그녀는 여섯 살인 보를 '다 큰 소녀'나 '착한 소녀'가 아니라 진짜 소녀처럼 대한다.

크리스토퍼는 루이스와 처음 만났을 때 곧바로 그녀에게 달려가 "내 이빨 볼래요?"라고 소리쳤다. 루이스는 그 제안을 잠시 생각해보더니, "그래, 보고 싶네."라고 대답했다. 그러자 크리스토퍼는 고개를 들어 씩 웃었다. "고마워." 루이스가 말했다. "괜찮아요." 크리스토퍼가 말했다. 그는 전에는 다른 사람 앞에서 그렇게 행동한 적이 없었고 그 후에도 그런 행동을 반복하지 않았다.

나는 나중에 루이스에게 치아의 의미에 관해 물었다. 그녀는 아무렇지 않다는 듯 대답했다. "치아는 좋은 결정을 내리는 것과 관련이 있어요. 그 애는 자기 마음을 알고 있고, 좋은 결정을 내릴 능력이 있다고 내게 알린 거예요."

루이스는 나이에 전혀 연연하지 않는다. 더 이상 이러쿵저러쿵할 필요가 없다. 모든 게 더없이 자연스럽기 때문이다.

가장 먼저 개선해야 하는 관계는 자기 자신과의 관계다. 행복한 사람은 다른 사람에게도 매우 매력적으로 보인다. 따라서 본인이 행복하면 다른 이들과의 관계도 좋아진다. 또 더 많은 사랑을 원한다면 자신을 더 사랑해야 한다. 비판, 불평, 비난, 징징거림을 멈추고 외롭다고 느끼지도 말아야 한다. 또 현재의 자신에게 만족하면서 기분 좋은 생각만 골라서 하자.

자신의 본모습을 진정으로 사랑하면, 중심을 잡고 차분하고 안정적으로 지낼 수 있으며, 직장뿐만 아니라 가정에서의 인간관계도 멋지게 유지될 것이다. 다양한 상황과 사람들에게 예전과는 다르게 반응할 수 있으며, 한때는 절실하게 중요했던 문제가 더 이상 그렇게 중요해 보이지 않을 것이다. 새로운 사람들이 당신의 삶에 들어올 테고, 아마도 오래된 몇몇 사람은 사라질 것이다. 이건 처음에는 좀 두려울 수도 있지만 한편으로는 멋지고, 상쾌하며, 흥미진진한 일이다.

나는 모든 좋은 것을
열린 마음으로 받아들입니다

당신의 인생에 좋은 일이 생기면 받아들여야 한다. 좋은 것을 받아들이려면, 마음을 열어야 한다. 세상을 받아들여라. 기회와 번영이 백 배 늘어날 것이다. 오늘 당신의 미러 워크는 번영을 받아들이는 데에 초점을 맞출 것이다.

1. 양팔을 벌리고 일어서서 나는 모든 좋은 것을 열린 마음으로 받아들일 거야, 라고 말한다.
2. 이제 거울을 보면서 이 말을 다시 한다. 나는 모든 좋은 것을 열린 마음으로 받아들일 거야. 이 말이 가슴에서 우러나야 한다. 나는 모든 좋은 것을 열린 마음으로 받아들일 거야.
3. 이 확언을 열 번 더 반복한다.
4. 자신의 기분에 주목해보자. 해방감이 느껴지는가? 이 훈련을 일주일 이상 매일 아침마다 해보자. 번영에 대한 의식을 고취시킬 수 있는 아주 좋은 방법이다.

내 행복을 향해
움직입니다

나는 우리의 영혼이 매번 다른 교훈을 배우기 위해 이 행성을 계속 찾는다고 믿는다. 마치 학교에 오는 것과도 같다. 지구에 다시 태어나기 전에, 이번에 배울 교훈을 정한다. 배우고자 하는 교훈을 선택한 뒤에는 부모, 성별, 출생지, 인종 등 그 교훈을 배우기 위한 모든 환경과 상황을 선택한다. 그러니 당신이 살면서 여기까지 왔으면, 결국은 옳은 선택을 한 것이다.

인생을 살면서 자기가 안전하다는 걸 스스로에게 상기시키는 건 매우 중요하다. 그건 변화일 뿐이다. 고귀한 자아가 당신의 영적 성장을 위한 가장 바람직한 방향으로 인도하고 있다는 걸 믿어라. 조셉 캠벨의 말처럼, "자신의 행복을 좇아야 한다."

나는 성공에서
성공으로 나아갑니다

머릿속의 생각이 내가 일하는 환경과 연결되어 있음을 알기에, 의식적으로 생각을 고르려고 애쓸 것이다. 내 생각은 나를 지지해준다. 나는 번영을 생각하기로 했고, 그래서 번창한다. 나는 조화로운 생각을 선택했고, 그래서 조화로운 분위기에서 일한다. 나는 성취감이 큰 도전적인 일을 하고 있으며, 내가 하는 일을 생각하면 마음이 뿌듯하다. 나는 항상 하고 싶은 일을 하고 있으며 생산적이다. 인생은 근사하다. 그리고 앞으로도 그럴 것이다.

나는
밝은 빛입니다

경쟁과 비교는 우리의 창의성을 방해하는 두 가지 큰 장애물이다. 당신의 독특함이 당신을 다른 모든 이들과 차별화시킨다. 역사가 시작된 이래 당신과 똑같은 사람이 한 명도 없었는데, 무엇과 비교하거나 경쟁할 것인가? 비교는 우월감이나 열등감을 느끼게 하고, 그건 제한된 정신적 사고인 에고의 표출이다. 자기 기분이 좋아지려고 비교를 하는 경우, 결국 다른 누군가가 별로 괜찮지 못한 사람이라고 말하는 셈이 된다. 남을 깔아뭉개면 자기가 좀 우월해진다고 생각할지도 모른다. 하지만 당신이 실제로 한 일은 다른 이들의 비난을 불러일으키는 것이다.

깨달음을 얻는다는 것은 자기 내면으로 들어가 그 안에 있는 어둠이 사라질 수 있도록 빛을 비추는 것이다. 모든 것은 변하며, 한때 당신에게 완벽했던 것이 이제는 그렇지 않을 수도 있다. 계속해서 변화하고 성장하려면, 내면으로 들어가 지금 이곳에서 자기에게 적합한 게 뭔지 귀를 기울여야 한다.

내 삶이 즐거울 거라
믿습니다

나는 전화기를 사용할 때마다 사랑으로 축복하며, 전화기가 오직 번영과 사랑의 표현만 전해준다고 자주 확언한다. 내 우편함도 똑같이 축복하는데, 그러면 매일 우편함에는 돈이나 친구, 클라이언트, 멀리 사는 독자들이 보내준 애정 어린 편지가 넘쳐흐르게 채워진다. 청구서를 받아도 내가 돈을 지불할 거라고 믿어준 회사들에게 감사하며 기뻐한다. 좋은 일만 집에 들어오리라는 걸 알기 때문에 초인종과 현관문도 축복한다. 나는 내 삶이 선하고 즐거울 것이라고 기대하며, 실제로 그렇다.

고마움을 느낄수록
좋은 것들이 많아집니다

나는 세상이 감사를 좋아한다는 것을 알아차렸다. 이는 고마움을
느낄수록 좋은 것들이 찾아온다는 걸 의미한다. '좋은 것'이라고
해서 물질적인 것만 의미하는 건 아니다. 인생을 살 만한 가치가
있는 멋진 것으로 만들어주는 모든 사람과 장소, 경험을 말하는
것이다. 인생이 사랑과 즐거움, 건강과 창조력으로 가득 차있으
면, 얼마나 기분이 좋겠는가. 우리 삶은 그렇게 살아가도록 되어
있다. 세상은 너그럽고 풍성하게 나눠주며 감사받는 걸 좋아한다.

나는 나만의
독특한 자아입니다

당신은 당신의 아버지가 아니다. 당신의 어머니도 아니다. 친척도 아니다. 학교에서 만난 교사도 아니고, 어릴 때 받은 교육 때문에 제약을 받는 사람도 아니다. 당신은 당신 자신일 뿐이다. 당신은 특별하고 독특하며 자기만의 재능과 능력을 가지고 있다. 세상 누구도 당신과 똑같은 방식으로 일을 처리할 수 없다. 경쟁자도 없고 비교 대상도 없다. 당신은 자신을 사랑하고 받아들일 자격이 있다. 당신은 훌륭한 존재고 자유롭다. 이걸 스스로에 대한 새로운 진리로 인정하자. 왜냐면 그게 사실이기 때문이다.

나는 훌륭한
영적 존재입니다

나는 인생과 하나이고, 모든 인생은 나를 사랑하고 지지한다. 그러므로 나는 인생의 모든 나이대마다 마음의 평화와 삶의 기쁨을 누릴 수 있다. 하루하루가 새롭고 다르며 그 나름의 즐거움을 가져다준다. 나는 이 세상에 적극적으로 참여하고 있다. 나는 배우려는 열망이 강한 학생이다. 나는 내 몸을 아주 잘 돌보며, 나를 행복하게 하는 생각을 선택한다. 내게는 언제나 나를 지탱해주는 강한 정신적 연줄이 있다. 나는 나만의 독특한 자아이고, 이 행성에서의 마지막 날까지 깊은 성취감을 안겨주는 삶을 살기로 했다. 나는 인생과 사이가 좋고 모든 삶을 사랑한다. 이것이 내 존재의 진실이며, 그렇게 받아들인다. 내 인생에서는 만사가 순조롭다.

파괴적인 생각은
나를 지배할 힘이 없습니다

우리 마음과 삶에서 부정적이거나 파괴적이거나 두려운 아이디어와 생각을 모두 없애자. 더 이상 해로운 생각이나 대화에 귀 기울이거나 끼어들지 말자. 우리가 상처받는 걸 믿지 않으면, 아무도 우리를 해칠 수 없다. 아무리 정당해 보여도 해로운 감정에 빠져드는 걸 거부해야 한다. 우리는 자신을 화나게 하거나 두려워하게 만드는 그 어떤 것보다 앞서 있다. 파괴적인 생각은 우리를 지배할 힘이 없다.

자기 인생에 만들고 싶은 것만 생각하고 말해야 한다. 우리는 우리가 해야 하는 모든 일에 충분히 적합하다. 우리는 자신을 창조한 힘과 하나다. 우리는 안전하다. 우리가 사는 세상에서는 만사가 순조롭다.

어떤 일을 하도록
인도받든 성공할 것입니다

내가 존재하는 무한한 삶 속에서는

모든 것이 완벽하고 온전하게 갖춰져 있다.

나는 나를 창조한 힘과 하나다.

나는 성공을 위한 모든 재료를 내 안에 가지고 있다.

이제 성공 공식이 나를 통해 흐르면서

내 세상에 나타나도록 할 것이다.

어떤 일을 하도록 인도받든 성공할 것이다.

나는 모든 경험을 통해 배운다.

나는 성공에서 성공으로, 영광에서 영광으로 나아간다.

나의 길은 더 큰 성공으로 향하기 위한

디딤돌의 연속이다.

내가 사는 세상에서는 만사가 순조롭다.

내면의 목소리는
언제나 나와 함께 있습니다

___루이스를 떠올리며_글 : 로버트 홀든___

루이스는 자기 내면의 목소리를 신뢰했다. "이건 내 친구나 마찬가지예요." 어느 날 루이스는 나에게 이렇게 말하기도 했다. "내면의 목소리가 내게 말을 거는 거죠. 난 그 목소리를 믿는 법을 배웠어요. 내게 꼭 필요한 말만 해주거든요." 루이스는 경건하고 애정 어린 말투로 자기 내면의 목소리에 관해 얘기했다. 그 목소리에 귀 기울이는 것이 일상적인 영적 실천과 마찬가지라는 것이다. "내면의 목소리는 언제나 나와 함께 있어요. 그걸 들으면 필요한 해답을 찾게 되죠."

"그 내면의 목소리는 어디에서 오는 건가요?" 내가 물었다.

"사방에서요!" 루이스가 장난스럽게 대꾸했다.

"그게 무슨 말인가요?"

"내면의 목소리는 내가 거대한 지혜에 귀 기울이는 방법이거든요." 루이스가 말했다.

"그건 하나의 지성 같은 건가요?"

"맞아요, 우리 모두에게 길잡이가 되어주는 하나의 지성이죠."

"누구에게나 내면의 목소리가 있나요?"

"그럼요, 모든 아이는 내면의 목소리를 가지고 태어나요." 루이스가 장담했다.

내면의 아이가 원했던
모든 사랑을 줄 것입니다

사랑은 내가 아는 가장 큰 치유력이다. 사랑은 가장 깊숙한 곳에 박혀있는 고통스러운 기억도 치유할 수 있다. 사랑은 우리 마음의 어두운 구석에 이해의 빛을 비추기 때문이다. 어린 시절이 아무리 고통스러웠더라도, 지금 자기 내면의 아이를 사랑한다면 고통스러운 과거를 치유하는 데 도움이 될 것이다. 마음의 사생활 속에서, 우리는 새로운 선택을 할 수 있고 새로운 생각도 할 수 있다. 우리 내면에 있는 아이를 위한 용서와 사랑의 생각이 길을 열어줄 것이고, 세상이 우리의 노력을 뒷받침해줄 것이다.

언제 어디서나 좋은 일만
기다리고 있다는 걸 압니다

결국에는 모든 일이 잘 될 거라고 믿지만, 그 일을 겪는 동안에는 그렇게 생각하기가 힘들 때도 있다. 과거에 일어났던 부정적인 일을 생각해보자. 해고를 당했거나 배우자가 곁을 떠났을 수도 있다. 이제 그 일을 극복하고 큰 그림을 봐야 한다. 그 경험을 통해 좋은 일이 많이 생기지 않았는가? "맞아요, 그건 정말 끔찍한 일이었지만 만약 그 일이 없었다면, ○○을 만나거나, 내 사업을 시작하거나, 내가 중독자라는 걸 인정하거나, 나 자신을 사랑하는 법을 배우지 못했을 거예요."

신성한 지성을 믿으면, 우리에게 가장 좋은 방법으로 삶을 경험하게 되므로, 삶이 제공하는 모든 것을 즐길 힘을 얻게 된다.

내 일은 신성한 사랑의
표현입니다

우리가 하는 일은 하나의 마음에서 일어나는 신성한 생각이며, 신성한 사랑으로 창조되고 사랑으로 지탱된다. 신성한 지성이 우리 제품과 서비스를 만들어낸다. 신성한 사랑은 우리가 그토록 애정을 담아서 하는 일을 통해 도움을 받을 수 있는 이들을 우리에게 데려다준다.

불평이나 비난의 낡은 패턴을 모두 버려야 한다. 비즈니스계에서 상황을 만드는 건 우리 의식이라는 걸 알기 때문이다. 우리는 신성한 원칙에 따라 사업을 성공적으로 운영하는 것이 가능하다는 걸 알고 그렇게 선언하며, 정신적인 도구를 성실하게 사용하여 삶을 더욱 풍요롭게 살면서 다양한 경험을 한다. 그리고 어떤 식으로든 인간적인 사고에 의해 제한받는 것을 거부한다. 신성한 정신은 우리의 경영 자문이고 우리가 아직 꿈꿔보지 못한 계획을 가지고 있다. 우리가 하는 일은 신성한 아이디어이므로 우리 삶은 사랑과 기쁨으로 가득 차있다. 그리고 앞으로도 그럴 것이다.

나는
사랑입니다

우리는 모두 영원을 관통하는 끝없는 여행을 하고 있으며, 이 지구라는 비행기에서 보내는 시간은 극히 짧은 일순간일 뿐이다. 우리가 이 행성에 오기로 결심한 이유는 교훈을 얻고 정신적인 성장을 위해 노력하면서 사랑하는 능력을 키우기 위해서다. 이곳에 오거나 떠나기에 알맞은 때나 잘못된 때가 따로 있는 게 아니다. 우리는 항상 영화 중간에 왔다가 영화 중간에 떠난다. 자기가 맡은 특별한 업무가 끝났으니 떠날 뿐이다. 우리는 자신을 더 사랑하는 법을 배우고 그 사랑을 주변의 모든 사람들과 나누기 위해 온다. 훨씬 깊은 차원에서 마음을 열게 된다. 우리가 떠날 때 가져가는 건 사랑할 수 있는 능력뿐이다. 만약 오늘 떠난다면 당신은 그 능력을 얼마나 가져가겠는가?

나만의 경험을
창조할 수 있는 힘이 있습니다

우리에게는 예전의 자신이 알아보지 못할 정도로 인생을 바꿀 힘이 있다. 병을 앓던 몸이 건강해지고, 외로움에서 빠져나와 사랑을 찾을 수 있다. 가난에서 벗어나 안정된 생활을 하면서 자아를 실현할 수 있다. 죄책감과 수치심을 버리고 자신감과 자기애가 넘치는 사람이 될 수 있다. 자기는 무가치하다는 생각에서 벗어나 창의적이고 강력한 느낌을 얻을 수 있다.

나의 모든 것을
온전히 받아들입니다

인생은 신성하다. 나는 나의 모든 부분, 즉 유아기와 유년기, 청소년기, 청년기, 성인기, 그리고 미래의 자아를 전부 가슴에 품고 있다. 모든 당혹감과 실수, 상처, 부상을 내 이야기의 일부로 다 받아들인다. 나의 이야기에는 모든 성공과 실패, 모든 실수와 진실한 통찰력이 포함되어 있으며, 그 모든 것은 내게 가치가 있다. 때로 내 이야기의 고통스러운 부분을 통해 다른 사람들은 자신의 고통을 이해한다. 다른 사람들이 나와 고통을 나눌 때면 그들에게 연민을 느낀다. 나는 이제 이 연민을 나 자신에게까지 확장시킨다. 나의 모든 것을 받아들일 수 있다는 걸 알기에 항상 안심하고 살아간다.

번영과 감사가 서로 관련이 있다는 걸 아는가? 세상은 너그러운 기부자이며 감사받는 걸 좋아한다.

1. 아침에 일어나 눈을 뜨자마자 자신에게 이렇게 확언한다. 잘 잤니, 침대야. 덕분에 따뜻하고 편안하게 잘 수 있었어. 정말 고마워. 사랑하는 [이름], 오늘은 축복받은 날이야. 모든 게 잘 풀릴 거야.

2. 침대에 몇 분간 편안하게 누워서 고마운 일들을 모두 생각해 본다.

3. 일어날 준비가 되면 욕실 거울 앞으로 간다. 자신의 눈을 다정한 시선으로 깊숙이 들여다보자. 그리고 감사를 느끼는 많은 것들을 나열한다. 그걸 긍정 확언 형식으로 말해야 한다. 내 아름다운 미소에 감사해. 오늘 완벽하게 건강한 기분인 것에 감사해. 오늘 출근할 직장이 있는 것에 감사해. 오늘 만날 친구들에게 감사해.

4. 오늘 거울 앞을 지나갈 때마다 멈춰 서서 그 순간 감사하고 있는 것에 대해 확언한다.

내가 어디를 가든
따뜻하고 친절하게 맞아줄 것입니다

나는 삶과 하나이고 모든 삶은 나를 사랑하고 지지해준다. 그래서 나 자신을 위해 언제나 기쁨을 주는 애정 넘치는 친구들을 사귀었다. 나는 혼자 있을 때나 함께 있을 때나 즐거운 시간을 보낸다. 나는 내 부모님과 다르며, 관계를 맺는 방식도 그들과 다르다. 나는 나만의 독특한 자아이며, 내 세상에는 나를 지지하고 발전시키는 사람들만 들어올 수 있다. 내가 어디를 가든 따뜻하고 친근하게 맞아준다. 나는 가장 친한 친구들을 사귈 자격이 있고, 내 삶이 사랑과 기쁨으로 가득 차도록 한다. 이것이 내 존재의 진실이며, 나는 그 진실을 받아들인다. 내 다정한 세상에서는 모든 일이 순조롭다.

나는 다른 사람의 행운을 기뻐합니다

다른 사람이 자기보다 더 많이 가지고 있다고 원망하거나 질투하면서, 스스로의 번영을 막아서는 안 된다. 그들이 돈 쓰는 방식을 비난하지 말자. 그건 당신이 상관할 일이 아니다.

　　모든 사람은 자신의 의식이 만든 법칙에 따라 살아간다. 그러니 자기 생각부터 잘 돌보도록 하자. 다른 사람의 행운을 축복하고, 모두에게 돌아갈 만큼 충분한 행운이 존재한다는 걸 알아야 한다.

나는 진실과 평화에
중점을 두고 있습니다

모든 것이 우리 마음의 멋지고 자상한 지점에서 비롯되어야 한다. 중심을 잡고 자신의 본모습을 사랑하라. 우리 스스로가 정말 신성하고 아름다운 생명의 표현이라는 것을 알아야 한다. 바깥에서 무슨 일이 일어나든 그 중심은 자기 자신이다. 당신에게는 자기 감정에 대한 권리가 있다. 자기 의견을 말할 권리가 있다. 원래부터 그렇다. 그러니 자신을 사랑하는 일에 힘을 쏟고, 마음을 열려고 노력해야 한다. 가끔은 그렇게 하는 것이 무섭기도 할 것이다. 내면에서 얻은 해답이 당신의 친구들이 원하는 해답과 상당히 다를 수 있기 때문이다. 그러나 자신에게 무엇이 옳은지, 속으로는 알고 있을 것이다. 그리고 이런 내면의 지혜를 따르면 자신의 존재와 사이좋게 지낼 수 있다.

당신에게 어울리는 선택을 하도록 자신을 지지하라. 의심이 들 때는 스스로 물어보면 된다. "이건 내 마음의 사랑스러운 공간에서 비롯된 생각일까? 이게 나를 발전시키는 결정일까? 지금 이게 나한테 맞는 걸까?" 나중의 어느 시점(하루, 일주일, 혹은 한 달 후)에 내리는 결정은 더 이상 올바른 선택이 아닐 수 있고, 그러면 그걸 바꿀 수 있다. 매 순간 "이게 나한테 적합할까?"라고 물어보고, "나는 나를 사랑하고 올바른 선택을 하고 있다"고 말한다.

어떤 어려움을 겪든,
나는 사랑받고 있습니다

불쾌한 일을 겪었다면, 즉시 거울 앞에 가서 "그래도 난 널 사랑해."라고 말하라. 사건은 생겼다가도 사라지지만 자신에 대한 사랑은 일정한데, 이건 살면서 지닐 수 있는 가장 중요한 자질이다. 뭔가 좋은 일이 생겼을 때도 거울 앞에 가서 "고마워."라고 말하라. 이런 멋진 경험을 만든 것에 대해 스스로의 공을 인정하는 것이다.

슬픔을 이겨낼 시간을
나에게 허락합니다

죽음과 슬픔에 대한 긍정 확언

죽음은 새로운 삶을 여는 문이다.

나는 그 애도 과정을 순순히 받아들인다.

사랑하는 이의 죽음도 담담히 받아들인다.

그리고 슬픔을 이겨낼 시간을 스스로에게 허락한다.

그 무엇도 우리의 정신을 빼앗아갈 수는 없다.

그건 영원한 우리의 일부분이기 때문이다.

죽음은 삶의 자연스러운 부분이다.

모든 사람은 완벽한 시공간 순서에 따라 죽는다.

나는 어디에 있든 안전하고

인생의 사랑과 전적인 지지를 받고 있다는 걸 안다.

우리의 정신과 영혼은 언제나 안전하고,

항상 안심할 수 있으며, 늘 살아있다.

나는 사랑의 빛을 발하면서

나와 다른 이들을 위로한다.

죽음 같은 건 없다. 형태만 바뀔 뿐이다.

나는 긍정적으로
말하고 생각합니다

"아직 준비가 안 됐어."라는 생각이 든다면, 이게 영혼이 하는 말인지 아니면 에고(ego)가 하는 말인지 생각해봐야 한다. 결혼이나 출산, 창업, 자격증 준비, 책 쓰기 같은 새로운 일을 시작하기 전에 이런 생각을 하는 이들이 많다. 아직 준비가 안 됐다는 게 정말이라면, 추가적인 도움을 받으면 된다. 사실 준비가 다 된 상태라면, 에고에게 긴장을 풀라고 하고 영혼이 길을 인도하게 한다.

"아직 준비가 안 됐어."라고 생각하면서 일생을 보내다가 어느 날 그 생각이 변하게 된다. "아직 준비가 안 됐어."라는 생각을 멈추고 "이제 난 너무 늙었어."라고 생각하기 시작한다. 누가 그런 말을 하는 건가? 당신의 영혼은 몇 살인가? 당신은 실제로 나이가 너무 많은 건가, 아니면 스스로 부족한 사람이라고 느끼거나 뭔가가 두려운 건가? 자기 생각을 들여다보면서 판단을 보류하면, 진짜 생각이 뭔지 알게 된다.

생각은 단지 하나의 아이디어일 뿐이다. 당신은 영혼의 정신으로 생각할 수도 있고, 에고의 정신으로 생각할 수도 있다.

나를 사랑하면 긍정적인 변화로
향하는 문이 열립니다

정신적인 성장은 종종 이상한 방법으로 다가오기도 한다. 우연한 만남이나 사고, 질병, 사랑하는 사람의 상실 등이 계기가 될 수 있다. 내면의 무언가가 우리에게 따라오라고 재촉하거나, 예전 같은 낡은 방식대로 사는 게 강제로 금지된다. 사람마다 상황은 조금씩 다르지만, 이렇게 자신의 삶에 대한 책임을 받아들일 때 영적으로 성장한다. 이건 우리에게 필요한 변화를 이룰 수 있는 내면의 힘을 준다. 영적 성장은 다른 사람을 변화시키는 게 아니다. 영적 성장은 희생자 역할에서 벗어나 용서하고 새로운 삶을 살 준비가 된 사람에게 일어난다. 이런 일은 하루아침에 벌어지는 게 아니라 순차적으로 전개되는 과정이다. 자신을 사랑하면 문이 열리고, 변화하려는 의지가 있으면 큰 도움이 된다.

직업이나 은행 계좌, 투자, 배우자, 부모 등을 통해 안정감을 얻으려고 해서는 안 된다. 우리에게 안도감을 주는 건 만물을 창조한 범우주적 힘과 연결되는 능력이다.

　내 몸 안에서 숨 쉬는 힘은 내게 필요한 것들을 쉽고 편하게 제공해주는 바로 그 힘이다. 세상은 풍요롭고 너그러우며, 필요한 걸 모두 공급받는 건 우리의 타고난 권리다. 그 반대로 생각하지만 않는다면 말이다.

나는 친절한 세상에
살고 있습니다

루이스를 떠올리며_글 : 로버트 홀든

한번은 루이스에게 이렇게 물은 적이 있다. "친절한 세상이라는 개념에 대해 어떻게 생각해요?"

그녀는 잠시 하던 일을 멈추고 이 질문을 곱씹어봤다. "좋은 생각인 것 같네요." 루이스는 미소 띤 얼굴로 대답했다.

그녀의 대답을 듣고 문득 궁금해졌다. "세상은 친절한가요?"

"그걸 알아낼 방법은 하나뿐이죠." 루이스가 말했다.

"무슨 방법인가요?"

"좋다고 긍정하는 거예요." 이번에도 그녀는 웃으며 말했다.

"그게 무슨 말인가요?"

"아뇨, 라고 대답하면 세상이 친절한지 어떤지 절대 알아내지 못할 거라고요."

"아니라고 말하면 원하는 결과를 절대 얻지 못할 테니까 말이죠?"

"맞아요. 하지만 좋다고 말하면 좋은 결과를 얻게 될지도 모르죠."

"모든 게 자기 대답에 달려있다는 거군요."

"네, 답은 우리 안에 있어요." 루이스가 말했다.

나는 새롭고 멋진 변화에
마음을 열고 있습니다

이 세상에는 우리가 경험하기를 기다리고 있는 풍요가 너무나 많다. 우리가 쓸 수 있는 것보다 많은 돈이 있고, 살아생전 만날 수 있는 것보다 많은 사람들이 존재하며, 상상 이상으로 많은 기쁨이 있다. 이 사실을 알게 된다면, 필요하고 원하는 걸 모두 가질 수 있다. 최고의 이익을 얻고자 한다면 내면의 힘이 그걸 자신에게 제공해 주리라고 믿어야 한다. 자신과 다른 이들에게 솔직해져라. 조금도 속여선 안 된다. 그런 짓을 했다가는 자신에게 똑같이 돌아올 뿐이다.

   모든 사람에게 스며드는 무한한 지성은 우리에게 언제나 "좋다!"고 말한다. 그러니 당신 삶에 어떤 일이 찾아오더라도 밀어내지 말고 그것에 대해 "좋다!"고 말하라. 좋은 것을 받아들이는 것에 마음을 열고 세상에게 "좋다!"고 말할수록, 기회와 번영이 늘어날 것이다.

모든 일은
완벽한 시공간 순서에 따라 일어납니다

나는 모든 사람이 특정한 교훈을 얻기 위해 이 행성에 온다고 생각한다. 그 교훈을 배우고 나면 이곳을 떠난다. 어떤 교훈은 짧을 수도 있다. 우리가 언제 어떤 식으로 이곳을 떠나든, 그것은 영혼의 선택이며 완벽한 시공간 순서에 따라 진행된다. 우리의 영혼은 그 시기에 가장 적합한 방법으로 떠날 것이다. 인생의 큰 그림을 보면, 떠나는 방식이 좋은지 나쁜지 판단한다는 건 불가능하다.

시간을 들여 차분히 식사하면서
충분히 즐기겠습니다

식사를 위한 긍정 확언

이 맛있는 음식에 정말 감사한다.

내 몸은 매 끼니마다 내가 완벽한 음식을 선택하는 걸 반긴다.

내가 먹는 음식은 모두 조화롭다.

나는 시간을 들여 차분히 식사를 하면서 충분히 즐기는 걸 좋아한다.

나는 충분한 영양을 섭취하면서 앞날에 대비한다.

음식을 한 입씩 먹을 때마다 내 몸은 치유되고 건강해진다.

식사 시간은 행복한 시간이다.

우리 가족은 식탁 앞에 모여 큰 기쁨과 사랑을 느낀다.

이 음식과 내 몸을 사랑으로 축복한다.

음식을 먹는 동안 내 몸의 소리를 듣는다.

식사할 때는 모든 감각에 주의를 기울인다.

이제 내 몸에 좋지 않은 음식을 갈망하지 않는다.

내 입맛에 귀를 기울이면

애정이 담긴 영양분 많은 음식으로 날 이끌어준다.

나는 기꺼이 먹는 속도를 늦추고

시간을 들여 천천히 영양분을 섭취한다.

자유는 나의
신성한 권리입니다

우리가 이 행성에 온 것은 우리의 자유로운 선택에 따른 결과다. 우리가 허락하지 않는다면 그 어떤 사람이나 장소나 사물도 우리를 대신해 생각할 수 없다. 우리 마음속에서 생각하는 사람은 우리 자신뿐이다. 마음속에는 완전한 자유가 있다. 우리가 생각하거나 믿기로 한 것들이 현재 상황을 몰라보게 바꿀 수도 있다.

  긍정 확언: 나는 자유롭고 멋진 생각을 할 수 있다. 나는 과거의 한계를 뛰어넘어 자유를 향해 나아간다. 그리고 이제 원래 창조된 대로의 모습이 되어가고 있다.

세상의 모든 선과 풍요를
열린 마음으로 받아들입니다

나는 적어도 하루에 한 번은 팔을 양옆으로 넓게 벌린 채로 "나는
세상의 모든 선과 풍요를 열린 마음으로 받아들일 거야."라고 말
하곤 한다. 그러면 나 자신이 넓게 확장되는 기분이 든다.

　세상은 내 의식 속에 있는 것만 내게 나눠줄 수 있는데, 나는 언
제나 의식 속에서 더 많은 걸 만들어낼 수 있다. 이건 마치 은행과
도 같다. 그래서 내 창조 능력에 대한 인식을 높여 정신적인 예치
금을 만든다. 명상과 치료, 확언은 정신적인 예치금이다. 그러니
매일 예금하는 습관을 들여라.

모든 생명체는
나를 사랑하고 지지합니다

별과 달, 태양은 모두 완벽하고 신성한 순서에 따라 움직인다. 그들의 경로에는 질서와 리듬, 목적이 있다. 나는 세상의 일부분이다. 그러므로 내 삶에도 질서와 리듬, 목적이 있다는 걸 안다. 때로는 내 인생이 혼란에 빠진 것처럼 보일 수도 있지만, 그 혼돈의 이면에는 신성한 질서가 있다는 걸 안다. 마음을 정돈하고 교훈을 얻으면 혼돈이 사라지고 질서가 돌아온다. 내 삶은 완벽하고 신성한 순서에 따라 움직인다. 내 세상에서는 만사가 순조롭다.

나는 가능성의 총체 안에서
살고 있습니다

이 말을 반복해보자. "나는 가능성의 총체 안에 살고 있다. 내가 있는 곳에서는 모든 것이 순조롭다." 모든 것이 순조롭다는 건, 약간도, 조금도 아니고, 모든 것이 다 괜찮다는 얘기다. 무엇이든 가능하다고 믿는 사람은 인생의 모든 부분에서 마음을 열고 답을 얻으려고 한다.

우리가 있는 곳은 가능성의 총체다. 개인적으로든 집단적으로든 모든 일은 항상 우리에게 달려있다. 우리는 주위에 벽을 칠 수도 있고, 아니면 그 벽을 허물고 모든 게 안전하다고 여기면서 마음을 활짝 열어 세상의 좋은 것들이 우리 삶에 들어오도록 할 수도 있다. 자신을 객관적으로 관찰하기 시작하라. 내면에서 무슨일이 벌어지는지 살펴보고(자기가 어떻게 느끼고 어떻게 반응하면서 무엇을 믿는지에 주목한다), 지적이나 비판은 삼간 채 계속 관찰만 해본다. 상황이 허락한다면, 당신은 가능성의 총체로 인생을 살아가게 될 것이다.

지금도 그리고 앞으로도 영원히
인생에 감사합니다

내 존재의 중심 깊은 곳에는 무한한 감사의 샘이 있다. 이제 이 감사가 내 마음과 몸, 정신, 의식, 내 존재를 가득 채울 수 있게 한다. 사방으로 발산된 감사의 마음이 세상 모든 것에 가 닿았다가, 더 큰 고마움을 느끼기 위해 되돌아온다. 고마움을 느낄수록 공급이 끝없이 이어진다는 걸 깨닫는다. 감사의 마음을 잘 이용하면 기분이 좋아진다. 그건 내면에서 느끼는 기쁨의 표현이다. 내 인생의 따뜻하고 보송보송한 부분이다.

나는 나 자신과 내 몸에 감사한다. 보고 듣고 느끼고 맛보고 만질 수 있는 내 능력이 고맙다. 나는 내 집에 감사하면서 정성껏 돌본다. 내 가족과 친구들에게 감사하고, 그들과 함께 있는 시간을 즐긴다. 내 일에 감사하며 항상 최선을 다한다. 나의 재능과 능력에 감사하며, 성취감을 안겨주는 방식으로 끊임없이 표현한다. 내가 버는 수입에 감사하며, 어떤 일을 하든 항상 번창한다는 걸 알고 있다. 나의 모든 과거 경험에 감사한다. 그것이 내 영혼을 성장시킨 일부라는 걸 알기 때문이다. 나는 자연에 감사하면서 모든 생물을 존중한다. 오늘도 감사하고, 앞으로 다가올 미래에도 감사한다. 지금도 그리고 앞으로도 영원히 인생에 감사한다.

정중하게 선물을
주고받겠습니다

감사하고 수용하는 마음은 매일 매순간마다 기적을 일으키는 강력한 자석 같은 역할을 한다. 칭찬은 풍요를 낳는 선물이다. 그래서 칭찬을 정중하게 받아들이는 법을 배웠다. 누군가 날 칭찬하면, 웃으면서 "감사합니다."라고 말한다.

오늘은 생명이 준 신성한 선물이다. 나는 세상이 주는 모든 번영을 받아들이기 위해 두 팔을 활짝 벌린다. 밤낮을 가리지 않고 언제든 번영을 받아들일 수 있다.

세상은 가능한 모든 방법으로 나를 지지한다. 나는 애정 넘치는 풍요롭고 조화로운 세상에 살고 있으며, 그 사실에 감사한다. 살다 보면 세상이 내게 주는 것에 보답하지 못하는 처지일 때도 있다. 하지만 나중에는 나도 남들을 도울 수 있게 되었고, 인생은 원래 그렇게 굴러가는 법이다. 나는 느긋한 기분으로 지금 이곳에 있는 풍요와 감사에 흐뭇함을 느낀다.

나의 만년은
보물 같은 시간입니다

우리의 미래는 나이에 상관없이 항상 밝다는 걸 알아야 한다. 생각을 바꾸기만 하면 그렇게 될 수 있다. 이제는 노년에 관한 염려스러운 이미지를 떨쳐버리고, 사고방식이 비약적으로 발전해야 할 때다. 평소 쓰는 어휘에서 '늙었다'는 말을 빼버리고, 기대수명에 한정된 숫자를 부여하지 말자. 나는 나의 만년이 보물 같은 시간이 될 것을 믿는다.

우리는 치유의 세계에서
살고 있습니다

내가 개인적인 차원에서 이 행성을 위해 할 수 있는 일이 너무나도 많다. 때로는 대의를 이루기 위해 내 육체적인 힘이나 재정을 쏟아가며 일하기도 한다. 또 어떤 때에는 이 행성을 치유하기 위해 내 생각의 힘을 활용할 수도 있다. 세계적인 재난이나 무의미한 폭력 행위에 관한 소식을 듣게 되면 내 마음을 긍정적으로 사용한다. 그 책임자들에게 분노를 보내봤자 치유하는 데 도움이 되지 않는다는 걸 안다. 그래서 즉시 모든 상황을 사랑으로 에워싸고 이 경험에서 오직 좋은 일만 생기게 될 거라고 확언한다. 긍정적인 에너지를 보내면서 모든 사람에게 가장 이로운 해결책을 통해 사건이 최대한 빨리 해결되는 모습을 상상한다. 가해자들도 사랑으로 축복하면서, 그들 마음속의 사랑과 연민이 깃든 부분이 겉으로 드러나 치유될 것이라고 확언한다. 모든 사람이 치유되고 온전해져야만 우리가 살아갈 세상 또한 치유될 것이다.

나는 내 몸의 메시지에
귀를 기울입니다

질병 극복을 위한 긍정 확언

나는 내 몸을 사랑하고,

내 몸은 건강한 것을 좋아한다.

나는 내 영광스러운 몸을 고맙게 생각하며,

내 몸의 메시지에 귀를 기울인다.

내 몸의 모든 세포는 사랑받는다.

나는 그 어느 때보다 건강하다.

나는 인생의 모든 부분과 조화를 이루고 있으며,

애정을 담아 완벽한 건강을 선사한다.

나는 내 몸이 최적의 건강을 유지할 수 있도록

모든 부분에 필요한 것들을 제공한다.

나의 선함은 어디에서나, 누구에게서나 옵니다

내가 존재하는 무한한 삶 속에서는
모든 것이 완벽하고 온전하게 갖춰져 있다.
나는 나를 창조한 힘을 가진 사람이다.
나는 세상이 제공하는 풍요의 흐름을
완전히 열린 마음으로 받아들인다.
부탁하기도 전에 내 모든 필요와 욕구가 충족된다.
나는 신성한 인도와 보호를 받으며
내게 유익한 선택을 한다.
세상은 우리 모두에게 돌아갈 만큼 풍족하다는 걸 알기에
다른 이들의 성공에도 기뻐한다.
나는 풍요에 대한 인식을 계속 증가시키고 있으며,
이는 끊임없이 증가하는 수입으로 증명된다.
나의 선함은 어디에서나, 누구에게서나 온다.
내 세상에서는 만사가 순조롭다.

인생은 돌고 돌지만
나는 언제나 영원합니다

나는 과거를 쉽게 놓아주고, 삶의 과정을 신뢰한다. 묵은 상처로 향하는 문을 닫고, 나 자신을 비롯한 모두를 용서한다. 내 앞에 개울이 있다고 상상한다. 예전의 경험, 오래된 상처와 고통을 개울물에 던지고, 그것들이 녹아서 하류로 떠내려가기 시작하다가 이윽고 완전히 사라질 때까지 지켜본다. 나는 자유롭고 내 과거의 모든 사람들도 자유롭다. 날 기다리고 있는 새로운 모험으로 나아갈 준비가 되었다. 인생은 돌고 돌지만 나는 언제나 영원하다. 내가 어떤 행동을 취하든 나는 살아있고 활력이 넘친다. 지금도 그리고 앞으로도 영원히 사랑이 나를 감싸고 있다. 언제나 그럴 것이다.

내 삶에 사랑과 로맨스를 끌어들이고 지금 그걸 받아들입니다

나는 삶과 하나이고 모든 삶은 나를 사랑하고 지지한다. 그러므로 내 세계에는 사랑과 친밀감이 가득하다. 나는 사랑할 가치가 있는 사람이다. 나는 내 부모님과 다르고 그들의 관계 패턴을 이어받지도 않았다. 나는 나만의 독특한 자아이며 오래도록 지속되는 애정 어린 관계, 즉 모든 면에서 우리를 양육하고 지지해주는 관계를 맺고 유지하고자 한다. 우리는 서로 아주 잘 맞고 생활 리듬이 비슷하며, 상대방에게서 최고의 모습을 이끌어낸다. 우리는 연인이자 최고의 친구다. 나는 오래도록 이어진 이 관계가 정말 기쁘다. 이것이 내 존재의 진실이며, 나는 이걸 있는 그대로 받아들인다. 내가 사랑하는 세상에서는 만사가 순조롭다.

나는 이미 아름답고
성공한 사람입니다

작은 도토리 안에 완전한 떡갈나무가 되기 위해 필요한 재료가 모두 들어있는 것처럼, 나도 내 안에 성공을 위한 모든 재료를 가지고 있다. 나는 지금 여기에서 성취할 수 있는 기준을 마련했다. 나는 나의 발전을 격려하고 칭찬한다. 나는 모든 경험을 통해 배울 수 있고 배우는 동안에는 실수를 해도 괜찮다. 이것이 내가 성공에서 성공으로 나아가는 길이며, 매일 이런 관점에서 사물을 바라보면 갈수록 점점 쉬워진다. 내 앞에 실패가 나타나도 더 이상 실패에서 도망치지 않고 오히려 그걸 교훈으로 인정한다. 나는 실패에 힘을 실어주지 않는다. 이 세상 전체에는 오직 하나의 힘만이 존재하고, 그 힘은 무슨 일을 하든 100퍼센트 성공한다. 그것이 날 창조했다. 그러므로 나는 이미 아름답고 성공한 사람이다.

모든 사람은
조화로운 전체의 일부분입니다

Dec.
5

우리 모두는 하나의 마음을 통해 조화롭게 표현되는 신성한 아이디어다. 우리가 이렇게 함께하게 된 이유는 서로에게 배워야 할 게 있기 때문이다. 우리가 함께 있는 것은 목적이 있어서다. 이 목적을 위해 싸울 필요도 없고, 지금 일어나는 일에 대해 서로를 비난할 필요도 없다. 이 경험을 통해 이익을 얻고 성장할 수 있도록 자신을 사랑하는 일에 힘쓰면 될 뿐이다. 우리는 당면한 일과 인생의 모든 부분을 조화롭게 운영하기 위해 함께 협력하기로 했다. 우리가 하는 모든 일은 단 하나의 진리 즉, 우리 존재의 진리와 생명의 진리에 바탕을 두고 있다.

신성하고 올바른 행동이 우리를 매 순간 인도한다. 우리는 적당한 때에 적당한 말을 하고 항상 올바른 행동을 취한다. 모든 사람은 조화로운 전체의 일부분이다. 사람들이 즐거운 기분으로 함께 일하면 에너지가 신성하게 섞여서 만족스럽고 생산적인 방식으로 서로를 지원하고 격려하게 된다. 우리는 일과 삶의 모든 영역에서 성공을 거둔다. 우리는 건강하고 행복하고 사랑스럽고 즐겁고 존중하고 지지하며, 자기 자신이나 타인과 평화롭게 지낸다. 지금도 앞으로도 계속 그럴 것이다.

빈곤한 사고에서 벗어나 번영의 사고를 합니다

경제 문제를 걱정하면서 작금의 경제 상황 때문에 돈을 벌거나 잃을 것이라고 믿는 사람들이 많다. 하지만 경제는 항상 좋아졌다 나빠졌다 하는 법이다. 그러니 세상에서 무슨 일이 벌어지고 있는지, 혹은 경제 상황을 바꾸기 위해 다른 사람들이 무슨 일을 하는지는 중요하지 않다. 우리는 경제 때문에 이렇게 오도 가도 못하는 처지가 된 게 아니다. '바깥세상'에서 무슨 일이 벌어지든 간에, 중요한 건 우리가 자신에 대해 품고 있는 믿음이다.

두려움을 느낀다면 스스로에게 물어보라. "내 안에서 편안함을 느끼지 못하는 부분이 어디일까? 어디서 버림받은 기분을 느낄까? 내면의 평화를 느끼려면 어떻게 해야 할까?" 모든 외부 경험은 내면의 믿음을 반영한다.

나는 내 수입은 계속 증가한다, 라는 확언을 항상 사용한다. 내가 좋아하는 또 다른 확언은 난 부모님의 소득 수준을 넘어섰다, 라는 것이다. 당신은 부모님보다 더 많은 돈을 벌 권리가 있다. 지금은 물가가 더 올랐으니까 반드시 그래야 한다. 자신의 신성한 권리인 재정적 풍요를 받아들여라.

내가 손대는 일은
전부 성공할 것입니다

번영과 돈에 관해 부정적인 생각을 가진 이들이 많다. 이건 그들이 어릴 때 습득한 믿음 때문이지만, 이제 성인이 되었으니 자기 삶을 발전시키기 위해 이런 생각을 바꿔야 한다. 다 같이 이렇게 확언하자.

나는 이제 어릴 때 부정적이고 부정확한 사실들을 가르쳐준 이들을 모두 용서한다. 나는 부모님을 사랑하지만 이제 그분들의 낡고 제한된 생각에서 벗어날 것이다. 그리고 이 확언이 나와 내 인생에 관한 새롭고 참된 신념이라고 선언한다. 이것이야말로 참된 진실이며, 나는 세상의 좋은 것들을 모두 누릴 자격이 있다.

지금의 나는 부유하다. 우리 가족과 어린 시절 친구들이 계속해서 제한적인 믿음을 유지한다 해도 상관없다. 그들이 나와 똑같은 방식으로 성장할 필요는 없다. 이 세상에는 모래 알갱이보다 많은 돈이 있다. 신은 정직한 방법으로 부자가 되기 위해 자기 재능을 잘 이용하는 이들을 사랑한다. 나는 나 자신과 인생에 정말 중요한 존재다. 세상은 나를 깊이 사랑하고 소중히 여긴다. 나는 번영을 위한 성장의 일환으로, 죄책감이나 두려움 없이 사회적 지위를 자유롭게 바꿀 수 있다.

매일 아침 나에게
'널 사랑해'라고 말하겠습니다

아침에 일어나자마자, 그리고 저녁에 잠들기 전에 자기 눈을 들여다보면서 "널 사랑해, 정말 사랑해. 나는 있는 그대로의 널 받아들일 거야."라고 말해본다. 처음에는 힘들 수도 있지만, 꾸준히 계속하다 보면 얼마 지나지 않아 이 확언이 진실이 될 것이다.

자기애가 커지면 그에 따라 자존감도 자라고, 변화를 이루기도 쉬워질 것이다. 사랑은 절대 외부에 있는 게 아니다. 그건 언제나 우리 안에 있다. 자신을 사랑하는 마음이 커질수록 더 사랑스러워질 것이다.

그러니 자신에 대한 새로운 생각을 선택하라. 자기가 훌륭한 사람이고 인생이 제공하는 좋은 걸 전부 받을 자격이 있는 사람임을 알릴 수 있는 새로운 단어를 선택해야 한다.

나는 남은 인생을
최고의 시간으로 만들 것입니다

이제 내가 그토록 원하던 것들을 밀쳐내게 만든, 제한적인 믿음에서 벗어나기로 했다. 내 의식 속에 있던 모든 부정적인 생각 패턴을 치우고 지우고 놓아줄 것이라고 선언한다. 내 의식은 이제 나의 건강과 부, 애정 관계에 기여하는 명랑하고 긍정적이며 사랑스러운 생각 패턴으로 채워지고 있다. 이제 상실에 대한 공포, 어둠에 대한 두려움, 해를 입지 않을까 하는 염려, 가난에 대한 두려움을 일으키는 모든 부정적인 패턴을 놓아준다. 내게 고통과 외로움, 자기 학대, 무가치하다는 기분, 부담과 손실을 안겨주는 것들을 전부 놓아준다.

　이제 내 삶 속에 이로운 것들이 자리 잡게 할 수 있다. 그 모든 풍요로움 속에서 삶의 풍성함과 충만함을 누리겠다고 선언한다. 사랑이 아낌없이 흐르고, 번영이 넘쳐나며, 몸에는 활력과 생기가 가득하고, 언제나 새롭고 신선한 창의력이 샘솟으며, 평화가 이 모든 것을 감싸고 있다. 나는 모든 것을 누릴 자격이 있으니, 이제 이것들을 기꺼이 받아들여 영구적으로 소유할 것이다. 나는 '유일하고 무한한 삶의 전체성'과 손잡은 공동 창조자이며, 내 앞에는 가능성의 총체가 놓여있다.

나는 새로운 소득원을
열린 마음으로 받아들입니다

'고정소득'에 관한 생각을 바꿨으면 좋겠다. '오직' 일정한 봉급이나 수입만 있다고 믿으며 제약을 둘 필요가 없다. 봉급이나 수입은 하나의 경로일 뿐이지 근원이 아니다. 당신에게 공급되는 소득은 유일한 근원인 세상 그 자체에서 나온다.

경로는 무한히 많다. 우리는 그런 다양한 경로에 마음을 열어야 한다. 공급은 어디에서나 이루어질 수 있다는 사실을 의식적으로 받아들여야 한다. 길을 걷다가 동전 하나를 주워도 세상의 근원에게 "고맙다!"고 말하자. 작지만 새로운 경로가 열리기 시작하는 것이다.

나는 새로운 소득원을 열린 마음으로 받아들인다.
이제 예상하거나 예상치 못한 출처에서 나오는
소득을 모두 받아들일 것이다.
나는 무한한 출처에서 무한한 방식으로 제공되는
부를 받아들이는 무한한 존재다.

나는 내 마음을 사랑하고,
내 마음도 나를 사랑합니다

잠깐 하던 일을 멈추고 자신의 생각을 들여다보라. 지금 무슨 생각을 하고 있는가? 생각이 당신의 삶과 경험을 만든다면, 지금의 이 생각이 현실이 되기를 바라는가? 걱정이나 분노, 상처, 복수에 관한 생각이라면, 그 생각이 자신에게 어떻게 돌아오리라고 보는가? 즐거운 삶을 원한다면 즐거운 생각을 해야 한다. 정신적으로든 말로든 자기가 외부로 발산한 내용이 결국 똑같은 형태로 돌아올 것이다.

잠시 시간을 내 자신이 하는 말을 들어보라. 어떤 말을 세 번 정도 하는 걸 들었다면 그걸 종이에 적어둔다. 그 말이 당신에게 하나의 패턴이 된 것이다. 일주일 정도 지났을 때, 자신이 작성한 목록을 보면서 그 말이 당신의 경험과 얼마나 일치하는지 확인해보라. 그리고 자신의 말과 생각을 바꾼 뒤 인생이 바뀌는 모습을 지켜보라. 인생을 조절하려면 말과 생각을 잘 조절해야 한다. 당신의 마음속에서 생각할 수 있는 건 당신 자신뿐이다.

나는 기분이 좋을 자격이 있습니다

인생은 매우 단순하다. 우리는 생각과 감정의 패턴을 통해 경험을 창조한다. 스스로와 인생에 대한 믿음이 곧 우리에게는 진실이 된다. 생각은 단어를 연결시킨 것에 불과하다. 거기에는 원래 아무 의미도 없다. 의미를 부여하는 건 우리다. 마음속에서 부정적인 메시지에 계속 집중함으로써 거기에 의미를 부여하는 것이다.

우리가 그런 감정으로 뭘 하는지가 매우 중요하다. 그 감정을 실행에 옮길 것인가? 다른 사람들을 벌할 것인가? 슬픔, 외로움, 죄책감, 분노, 두려움은 모두 정상적인 감정이다. 그러나 이런 감정이 우리를 장악하고 지배하게 되면 인생이 감정의 전쟁터가 될 수도 있다.

미러 워크, 자기애, 긍정 확언 등을 이용하면 자신에게 자양분을 공급하고 그 순간 느끼는 불안감을 조금이나마 해소할 수 있다. 당신은 감정적인 삶에서 평화와 평온을 누릴 자격이 있다고 믿는가?

긍정 확언 : 나는 내게 도움이 되는 일들에 저항감을 느끼는 의식의 패턴을 없앨 것이다. 나는 기분이 좋아질 자격이 있다.

나는 모든 한계를
뛰어넘습니다

나는 우리 가족 전체(지금 살아있는 이들과 죽은 이들 모두)를 사랑의 원으로 감싸고 있다. 그리고 우리 모두에게 의미 있는 멋지고 조화로운 경험을 했다고 단언한다. 나는 우리 모두를 하나로 묶어주는 무조건적인 사랑의 원 안에 포함된 것이 너무나도 행복하다. 나보다 먼저 살았던 조상들은 자신들의 지식과 이해 범위 내에서 최선을 다해 살다 갔고, 아직 태어나지 않은 아이들은 새로운 도전에 직면할 때 자신들이 가진 지식과 이해로 최선을 다할 것이다. 날마다 나는 내 임무를 한층 더 분명히 깨닫게 된다. 그 임무란 바로 가족의 한계에서 벗어나 신성한 조화를 깨닫는 것이다.

내면의 아이를
사랑스럽게 돌볼 것입니다

내면의 아이를 보살피는 긍정 확언

나는 지금의 나를 전적으로 사랑하며,

내면의 아이를 사랑으로 감싸 안는다.

나는 기꺼이 나의 한계를 뛰어넘을 것이다.

나는 나의 삶을 책임지고, 언제나 자유롭다.

이제 어른이 되었으니

내면의 아이를 사랑스럽게 돌볼 것이다.

나는 나 자신과 내 삶에 만족한다.

이제 내 감정을 표현해도 안전하다.

나는 나를 사랑하고 인정한다.

그리고 이제 내 미래를 창조한다.

내 앞에는
좋은 일들만 있습니다

루이스를 떠올리며_글 : 로버트 홀든

루이스 헤이와 함께 시간을 보내다 보면, 그녀가 단순히 확언을
생각하기만 하는 게 아니라는 걸 알게 된다. 그녀는 자신의 긍정
확언을 몸소 실천한다. 아침에 10분 동안만 확언을 하고 나머지
시간에는 다 잊어버리고 살아가는 게 아니다. 그녀는 하루 종일
자신의 확언을 실천한다. 도움이 될까 해서 말하자면, 루이스는
자기 집 곳곳에 신경 써서 확언을 배치해뒀다. 욕실 거울에는 인
생은 나를 사랑해, 라는 확언이 붙어있고 복도의 전등 스위치 옆
에는 모든 일이 순조롭다, 주방 벽에는 내 앞에는 좋은 일들만 있
을 거야, 같은 확언이 붙어있는 식이다. 또 루이스의 차에는 나는
내 인생의 모든 이들을 축복하며 번영을 빌어주고, 내 인생의 모
든 이들은 나를 축복하면서 번영을 빌어준다, 라는 확언이 붙어
있다.

삶이 항상 나를 지지한다는 걸 알고 있습니다

나는 외롭지도 않고 세상에 홀로 버려지지도 않았다. 모든 삶은 밤낮 없이 매 순간 나를 지지해준다. 내가 만족스러운 삶을 살기 위해 필요한 것은 모두 이미 나에게 제공된 상태다. 내가 살아있는 동안 계속 버틸 수 있는 충분한 공기가 있다. 우리 지구에는 풍부한 식량이 공급된다. 또 수백만 명의 사람들과 교류할 수도 있다. 가능한 모든 방법으로 지원을 받고 있는 셈이다.

내가 하는 모든 생각이 내 경험에 반영된다. 인생은 항상 내게 '그래!'라고 말한다. 내가 할 일은 이 풍요로움을 받아들여 기쁘고 즐겁고 감사한 마음으로 지지하는 것이다. 이제부터는 내 장점을 부정하는 모든 패턴과 믿음을 의식에서 몰아낼 것이다. 나는 인생 자체의 사랑과 지지를 받는 사람이다.

우리는 서로를 축복하고
번영하기 위해 여기에 있습니다

우리의 삶에 돈을 끌어들이는 방법 가운데 하나는 십일조를 하거나 돈을 기부하는 것이다. 수입의 10퍼센트를 헌금으로 내는 것은 오래전에 확립된 원칙이다. 나는 이것이 생명에게 보답하는 방법이라고 생각한다.

삶의 질을 높이기 위해 노력하는 과정에서 누가 혹은 무엇이 자양분을 제공해줬는가? 거기가 십일조를 하기에 완벽한 장소일 수 있다. 교회나 특정한 인물에게 십일조를 하는 데 관심이 없다면, 다른 이들에게 도움을 줄 수 있는 훌륭한 비영리 단체들이 많다. 여러모로 조사해보고 당신에게 맞는 것을 찾으면 된다.

"돈을 더 벌면 십일조를 하겠다"고 말하는 이들이 종종 있다. 하지만 그렇게 말하는 사람 치고 실행에 옮기는 사람을 본 적이 없다. 십일조를 할 거면 당장 시작한 뒤, 축복이 어떻게 흘러가는지 지켜보라. 하지만 그저 더 많은 걸 얻기 위해 십일조를 한다면, 중요한 사실을 놓칠 수 있다. 자유 의지에 따라서 하는 게 아니라면 효과가 없을 것이다.

나는 긍정적인 세상에
살고 있습니다

실제로 질병을 유발하는 정신적 패턴은 공포와 분노, 이 두 가지 뿐이라는 사실을 깨달았다. 분노는 조급함, 짜증, 좌절, 비판, 원망, 질투, 비통함 등으로 나타날 수 있다. 이건 모두 우리 몸에 독을 불어넣는 생각들이다. 이 짐을 벗어 던지면 몸의 모든 장기가 제 기능을 하기 시작한다. 두려움 때문에 긴장감, 불안, 초조, 걱정, 의심, 불안정, 부족하거나 가치 없는 사람이라는 기분을 느끼기도 한다. 당신도 공감이 가는가? 이를 치유하려면 두려움을 믿음으로 대체하는 법을 배워야 한다.

무엇에 대한 믿음일까? 바로 삶에 대한 믿음이다. 나는 우리가 긍정적인 세상에 산다고 믿는다. 우리가 무엇을 믿거나 생각하기로 하든, 세상은 항상 그러라고 한다. 우리가 가난하다고 생각하면 세상은 그 생각에 동의한다. 우리가 번영에 대해 생각하면 세상도 그에 동조해준다. 그래서 나는 건강해질 권리가 있고, 건강은 나의 자연스러운 일상이라고 생각하고자 한다. 세상은 그 믿음을 지지하고 찬성할 것이다. 우리가 긍정적인 세상에 살면서 긍정적인 세상의 응답을 받고 있다는 걸 알아야 한다.

이 세상이 아주 살기 좋게 바뀌었다고 상상해보라. 질병은 이제 과거의 일이 되어 병원 건물이 전부 아파트가 된다. 교도소 수감자들은 자신을 사랑하는 법을 배우고 책임감 있는 시민이 되어 풀려난다. 종교 교리에서 죄나 죄책감과 관련된 내용이 사라진다. 정부는 진심을 다해 국민들을 돌본다.

밖에 나가 깨끗한 비가 내리는 걸 느낀다. 비가 그치면 아름다운 무지개가 뜬다. 태양이 빛나는 걸 보고 깨끗한 공기를 마신다. 강과 개울, 호수에서 물결이 반짝이며 빛나는 모습을 본다. 그리고 우거진 초목이 눈에 띈다. 숲에는 나무들이 가득하고 꽃과 과일, 채소가 풍부해 어디서나 구할 수 있다.

다른 나라에 가서 모두들 평화롭고 풍요롭게 지내는 모습을 본다. 모두가 총을 내려놓고 화합하며 살고 있다. 심판, 비판, 편견은 낡고 고루해져서 완전히 사라진다. 국경이 무너지고 모든 분리가 없어진다. 그렇게 우리 모두가 하나가 된다. 우리의 어머니인 지구가, 이 행성이, 치유되고 온전해진다.

당신이 지금 머릿속으로 상상하는 것은 새로운 세계를 창조하고 있는 것이다. 당신은 막강한 힘을 가지고 있다. 그러니 자신의 비전대로 살아가고, 더 나아가 이 비전을 실현하기 위해 할 수 있는 일을 하라. 신은 우리 모두를 축복한다. 앞으로도 늘 그럴 것이다.

나의 사랑을
모든 이와 나눕니다

모든 사람을 사랑과 지지, 배려의 마음으로 받아들일 수 있도록 마음의 문을 활짝 열어라. 그 사랑을 집도 없고 오갈 데도 없는 거리의 노숙자들에게로 옮겨보고, 화가 났거나 겁에 질려있거나 고통스러워하는 이들에게도 나눠준다. 세상을 떠나가는 사람들과 이미 떠난 이들에게도 사랑을 보낸다.

그들이 받아들이든 받아들이지 않든, 우리의 사랑을 모든 사람과 나누도록 하라. 우리 가슴에 지구 전체를 품자. 동물, 식물, 그리고 모든 사람까지도. 우리의 분노나 불만을 유발하는 사람들도. 우리 방식대로 행하지 않는 사람들도. 그리고 악의를 드러내는 사람들까지, 다 우리 마음에 품는다. 그래야 그들도 안전하다고 느끼면서 자신의 진짜 모습을 인식하기 시작할 수 있다.

지구 전체가 평화로워지는 모습을 보라. 당신이 지금 그 평화에 기여하고 있다는 걸 알아야 한다. 도움이 될 만한 긍정적인 일을 할 수 있는 능력이 있다는 것을 기뻐하라. 당신은 멋진 사람이며, 그게 당신의 진실한 모습이라는 걸 알아야 한다. 원래부터 그랬다.

이 세상은
우리의 지상 낙원입니다

우리는 서로 힘을 나누고 성장하면서 세상에 에너지를 발산하기 위해 모인 영적 공동체다. 각자 자유롭게 자신의 활동을 추구하면서 개개인의 목적 달성에 더 도움이 되려고 한데 모인 것이다. 우리는 지금 새로운 지상 낙원을 건설할 수 있다는 사실을 증명하고자 하는 이들과 새로운 천국을 만들도록 인도받았다.

　우리는 조화롭고 사랑스럽고 평화롭게 함께 살아가면서 삶과 생활 속에서 신을 표현한다. 우리의 가장 중요한 활동은 영혼의 성장을 촉진하는 것이고, 이것이 개개인의 임무가 되는 세상을 만든다. 우리가 어떤 분야를 선택하든 창의적인 표현을 위한 시간과 기회는 충분하다. 우리에게 필요한 모든 것은 내면의 힘을 통해 표현할 수 있다. 질병도, 가난도, 범죄도, 기만도 없다. 미래의 세계는 지금 바로 여기에서 우리 모두와 함께 시작된다.

나의 세상에서는
모든 것이 순조롭습니다

내가 존재하는 무한한 삶 속에서는

모든 것이 완벽하고 온전하게 갖춰져 있다.

나를 비롯한 우리 각자는

자신에게 의미 있는 방식을 통해

삶의 풍족함과 충만함을 경험한다.

나는 이제 사랑이 담긴 시선으로 과거를 바라보면서

옛 경험을 통해 교훈을 얻기로 했다.

거기에는 옳고 그름도 없고 선과 악도 없다.

과거는 이미 끝났다.

그냥 그 순간의 경험만이 있을 뿐이다.

나는 과거를 거쳐 지금 이 순간으로

나를 데려온 나 자신을 사랑한다.

우리는 영혼 안에서 하나라는 것을 알기에

내가 누구고 또 무엇인지 알려주려고 한다.

내 세상에서는 만사가 순조롭다.

오늘과 매일 매일을 배움의 시간, 그리고 새로운 시작이라고 생각
하자. 모든 경험은 변화하고 성장할 기회가 된다. 또한 의식을 새
로운 차원으로 활짝 열어 새로운 사상과 사고방식을 고민하고, 우
리가 살고 싶은 세상을 상상할 기회이기도 하다. 우리의 비전은
그런 세상을 만드는 데 도움이 된다.

나는 사랑을 주는 사람이 되기 위해
이 세상에 왔습니다

내 존재의 중심에는 무한히 공급되는 사랑이 있다. 절대 고갈되지 않는다. 이번 생에는 다 쓸 수 없을 정도로 많으니, 굳이 아껴 쓸 필요가 없다. 그러니 언제나 사랑에 관대할 수 있다. 사랑은 전염성이 있다. 사랑을 나누면 곱절로 돌아온다. 사랑을 줄수록 사랑이 더 많아진다. 나는 사랑을 주는 사람이 되기 위해 이 세상에 왔다. 나는 사랑이 가득 찬 상태로 이곳에 왔다. 그리고 평생 사랑을 나눠줄 테고, 이 땅을 떠나더라도 여전히 충만하고 행복한 마음을 지닐 것이다. 더 많은 사랑을 원할 때는 그냥 사랑을 주기만 하면 된다. 사랑도 그렇고, 나도 그렇다.

사랑의 정신이
나를 통해 흐릅니다

어린 시절로 돌아가서 가장 행복했던 크리스마스를 기억해보라.
마음속에 그때의 기억을 떠올리면서 아주 명확하게 살펴봐야 한
다. 그날의 광경, 냄새, 맛과 촉감, 그 자리에 있던 사람들을 떠올
려본다. 당신은 그때 어떤 일을 했는가? 어릴 때 근사한 크리스마
스를 보낸 적이 없다면 꾸며내도 좋다. 정확하게 자기가 원하는
대로 꾸며내면 된다.

　그 특별한 크리스마스를 생각할 때 자신의 마음이 열리고 있다
는 것에 주목하라. 아마 그 크리스마스의 가장 멋진 부분 중 하나
는 그곳에 존재하는 사랑이었을 것이다. 그 사랑의 정신이 지금
당신을 통해 흐르게 해본다. 자기가 알고 아끼는 모든 이들을 마
음속으로 불러들인다. 그리고 그들을 이 사랑으로 감싸라.

　크리스마스의 사랑과 영혼이 안겨주는 이 특별한 느낌은 크리
스마스뿐만 아니라 언제 어디를 가든 항상 지니고 다닐 수 있다.
당신은 사랑이다. 당신은 영적 존재이다. 당신은 빛이다. 당신은
에너지다. 원래부터 그렇다.

나는 온 지구를 치유하기에
충분한 사랑을 가슴에 품고 있습니다

우리 안에는 온 세상을 사랑하기에 충분한 사랑이 있으며, 그 사랑은 우리에게서 시작된다. 인생은 나를 사랑하고 나도 인생을 사랑해, 라는 확언부터 시작해보면 어떨까? 이 말을 큰소리로 몇 번씩 되풀이해야 한다. 그리고 '지금 인생이 나를 사랑하는 한 가지 방법은…'이라는 문장을 완성해본다. 자신이 받은 축복을 헤아려보고, 그게 어렵다면 나는 기꺼이 축복을 받을 용의가 있고 모든 도움에 마음을 연다고 단언하라.

그리고 당신이 사랑하는 모든 이들이 근사한 하루를 보내기를 빌어준다. 그들이 얼마나 축복받은 존재인지 알고 또 스스로에 대한 기본적인 진실, 즉 자신이 사랑스러운 사람이라는 걸 깨닫도록 기도하라. 그들의 성공, 풍요, 건강, 행운에 기뻐하라. 가족의 사랑과 수용을 원한다면, 당신도 그들을 사랑하고 수용해야 한다는 걸 기억하라.

모든 이들의
무한한 축복을 빕니다

오늘은 만나는 모든 이들을 축복하겠다고 마음속으로 다짐한다. 동네 상점 주인, 우체부, 버스 기사, 그리고 인근에 사는 친숙한 모든 이들의 축복을 빌어준다. 거리의 나무들도 축복하고 동네 전체를 축복한다.

별로 사랑하고 싶지 않은 사람들에게도 축복을 보내라. 당신이 가장 많이 비판하는 사람도 축복하면서 이렇게 확언한다. 인생은 우리 모두를 사랑한다. 가장 자주 싸우는 사람도 축복하면서 확언한다. 인생은 우리 모두를 사랑한다. 평소에 가장 많이 불평하는 사람도 축복하면서 확언한다. 인생은 우리 모두를 사랑한다. 가장 부러워하는 사람을 축복하면서 확언한다. 인생은 우리 모두를 사랑한다. 평소에 가장 많이 경쟁하는 사람을 축복하면서 확언한다. 인생은 우리 모두를 사랑한다.

긍정 확언: 우리는 모두 사랑스러운 존재들이다. 인생은 우리 모두를 사랑한다. 사랑 안에서는 누구나 승리한다.

사랑과 수용의 눈으로
세상을 봅니다

우리는 중요한 사람이고, 마음을 다해서 하는 일이 세상을 바꾼다. 그러니 매일 전 세계를 향해 축복을 보내자. 인생은 나를 사랑하고 나도 인생을 사랑해, 라고 확언할 때마다 우리의 의식 속에는 서로 주고받는 끊임없는 순환의 고리가 그려진다. 인생은 나를 사랑한다는 받는 원리를, 나는 인생을 사랑한다는 주는 원리를 나타낸다. 이 확언 전체는 우리가 동등하게 사랑을 주고받을 수 있게 도와준다. 사실 주는 게 곧 받는 것이다. 주는 사람과 받는 사람이 동일인이다. 준 것을 다시 받게 된다. 그리고 받은 것을 다시 줄 수 있다. 이런 인식을 통해 우리는 세상의 진정한 사랑을 받는 존재가 될 수 있다.

자기 가슴에 온 세상을 다 품고 있다고 상상해보라. 동물을, 식물을, 바다를, 별을 사랑하자. '빈곤의 종말'이나 '지구 평화' 같은 신문 헤드라인을 떠올려보자. 사랑으로 세상을 축복할 때마다 당신과 똑같은 행동을 하는 수백만 명의 사람들과 연결된다. 오늘 세상이 사랑의 방향으로 진화하는 모습을 지켜보라.

긍정 확언: 우리가 힘을 모아 서로 사랑하는 것이 안전한 세상을 만든다.

지고의 선을 향해 안전하게 나아갑니다

과거는 이미 끝났다. 그건 자신들이 처음 온 무(無)로 되돌아갔다. 나는 자유다. 새로운 자부심과 자존감이 생겼다. 나를 사랑하고 응원할 수 있는 능력에 자신이 있다. 내가 긍정적인 성장과 변화를 이룰 수 있다는 걸 배웠다. 나는 강하다. 나는 인생의 모든 부분과 연결되어 있다. 나는 세상의 힘 그리고 지성과 하나다. 신성한 지혜가 나를 인도하면서 내가 걷는 길의 매 단계를 안내해준다. 따라서 지고의 선을 향해 안전하게 나아갈 수 있다. 나는 이일을 쉽고 즐겁게 한다. 나는 내가 선택한 세상에 사는 새로운 사람이다. 내가 가진 모든 것과 내 존재의 모든 부분에 깊이 감사한다. 나는 모든 면에서 축복받고 번창한다. 내 세상에서는 만사가 순조롭다.

인생의 다음 단계를
열린 마음으로 받아들입니다

부정적인 패턴, 질병, 형편없는 인간관계, 재정 부족, 자기혐오 등을 얼마나 오랫동안 지니고 있었는지는 중요하지 않다. 우리 마음 속에서는 지금 당장이라도 변화를 이룰 수 있다. 우리가 품었던 생각과 반복적으로 사용한 단어들이 지금까지의 우리 삶과 경험을 만들어냈다. 하지만 그건 과거의 생각이고 이미 다 끝난 일이다. 오늘 이 순간 생각하고 말하는 것을 통해 내일과 다음날, 다음 주, 다음 달, 내년이 만들어질 것이다. 힘의 중심점은 항상 현재에 있다. 바로 이곳에서 우리는 변화를 이루기 시작한다. 이 얼마나 자유로운 생각인가. 이제 낡은 헛소리를 흘려보낼 수 있다. 지금 당장 말이다. 아주 작은 시작이 변화를 가져올 것이다.

나는 인생을 사랑하고
인생은 나를 사랑합니다

이건 내 사랑 이야기다. 나는 멋진 미래를 창조하는 생각만 하고, 지금 그 생각 속으로 들어간다. 내 마음은 점점 더 활짝 열리고 있다. 내게서 흘러나가는 사랑과 내게 들어오는 사랑의 양은 점점 늘어난다. 무조건적인 사랑과 수용은 내가 주고받을 수 있는 가장 큰 선물이다. 그리고 지금 그 선물을 나 자신에게 준다. 나는 인생의 비밀을 배우고 있다. 사실 그 비밀은 매우 간단하다. 나를 사랑하면 할수록 인생이 나를 더 사랑한다고 느낀다. 나를 사랑하면 할수록 건강해진다. 나를 사랑하면 할수록 내 삶은 더 즐거워진다.

나는 스스로 앞으로 나아갈 수 있는 청신호를 주고, 음식이나 생각과 관련된 새롭고 사랑스러운 습관들을 기쁘게 받아들인다. 나에게 많은 자양분을 공급할수록 살아있는 것만으로도 감사하다. 또 이렇게 멋진 하루를 살게 된 것이 나의 기쁨이자 즐거움이다. 이 지구상의 모든 사람은 사랑으로 연결되어 있고, 그건 내가 자신을 사랑하는 것에서부터 시작된다. 나는 모두에게 애정 어린 생각을 보낸다. 사랑과 용서는 나를 치유하고 우리 모두를 치유한다. 나는 인생을 사랑하고 인생도 나를 사랑한다.

하루 한 장,
마음챙김

1판 1쇄 발행   2021년 1월 8일
1판 6쇄 발행   2023년 11월 7일

지은이   루이스 헤이
편찬   로버트 홀든
옮긴이   박선령

발행인   황민호
본부장   박정훈
책임편집   김순란
기획편집   강경양 김사라
마케팅   조안나 이유진 이나경
국제판권   이주은 한진아
제작   최택순

발행처   대원씨아이㈜
주소   서울특별시 용산구 한강대로15길 9-12
전화   (02)2071-2017
팩스   (02)749-2105
등록   제3-563호
등록일자   1992년 5월 11일

ISBN   979-11-362-5924-0 03190